死んでも生きている

大切な
誰かを亡くした
あなたへ

山川紘矢＋山川亜希子

PARCO出版

死んでも生きている

大切な誰かを亡くしたあなたへ

はじめに

紘矢

この本を手にとっていただき、ありがとうございます。この本は、人生の途上で、大切な人を亡くし、深い悲しみにとらわれて、なかなか立ち上がれないときに、「大丈夫だよ。人は本当は死なないんだよ。死者たちは向こう側に行ったあとも生きていて、あなたをいつも見守って、助けてくれているんだよ」ということを伝えるために書かれたものです。この本を読むことが、「人生って何だろう」と考えるきっかけになったら幸いです。何かに気づくと、急に元気になれるかもしれません。

人生って、本当に不思議なもの。生まれてきた不思議、死んでゆく不思議。

はじめに

死とは最も大きな衝撃を本人だけでなく、まわりの人たちにも与える出来事だと思います。

今、僕は82歳です、人生の先も短くなっています。友人も知人も、次第にあちら側に帰っていきます。

あの世はすぐ近くにあります。生まれる前はどこにいたのでしょうか？　死後の世界は果たしてあるのでしょうか？　これは神のみぞ知る、偉大なる謎かもしれません。そして、人の死に出会うことは、なんのために生まれてきたのかを知る機会になるかもしれません。

死について考えることは、なぜ、人類が存在するのか？　というところまでつながっているのです。確かなことは誰にもわからないので、臨死体験をしたことのある人々の談話や、退行催眠による前世療法、神話、チャネリング（精霊との対話）などから、推察することができるだけです。最終的には、あなたがどう思うか、ということに尽きるでしょう。

本書が少しでもあなたのお役に立って、死の厳粛さ、ありがたさ、喪失の悲しみなどをともに語り合う機会になれば幸いです。

はじめに

亜希子

私も80歳を過ぎました。まだ元気に一人で出歩くことも、家の仕事も曲がりなりにもできています。でも、もういつ何時《なんどき》、向こう側の世界に戻っていくか、わかりません。残りの人生をしっかり送って、いつお別れの時が来ても、喜んでそれを受け入れようと思っています。

この本は、私たちが編集者の吉度《よしど》ちはるさんと2日間にわたって対談し、吉度さんがまとめてくださった原稿に私たちが加筆して、パルコ出版の堀江さんのご意見も取り入れながら、いわば4人の合作としてできあがっています。

この本を作ることになったきっかけは、吉度さんのご主人が急逝されたことでした。まだお若かったご主人が、突然に亡くなってしまったのです。その悲しみから抜け出せずにいたとき、一緒にお茶を飲む機会があり、私たちの言葉に救われたとのことです。そして、自分と同じように、愛する人を失って悲しんでいる人を慰める本を作りたいと思い、私たちに提案してくださったのでした。そのような役割を自分たちが果たせるかどうか、今もわかりません。

愛する人を失って喪失感と悲しみに苦しむ人に、慰めの言葉もいいと思いますが、それだけでは完全に悲しみから回復するのは難しいでしょう。それよりも、「亡くなった人も、実は魂になって生きている」ということを知るほうが、私たちは悲しみから確実に回復できると思うのです。

それは、「本当の私たちは、肉体でも、感情でも、思考でもなく、魂というエネルギー体なのだ」と知ることでもあります。そして、愛する人の死は、そのことを学ぶとてもよい機会なのだと思います。それこそが、亡くなった人から私たちへの一番大きなプレゼントでもあるのでしょう。

この本が少しでもあなたの慰めになり、それとともに、人間とは何かについて、あなたが考えるきっかけになるように祈っています。

目次

PART 3 大切な存在を亡くしたあなたへ 81

PART 1

「死」とはどういうことなのでしょう?

本当の自分とは何なのか？

紘矢

こんにちは、紘矢です。

人は年をとったら、みんな死にますよね。どんなに、健康に気をつけていても……。でも、「死ぬ」ということが、実は「体が無くなるだけ」だということを多くの人が言っています。特にスピリチュアルなことを探求している人たちの間では、常識になりつつあると思います。人は死んでも、実は生きているのかもしれません。

最近の僕は、「人は死なない」という言葉がとてもしっくりきています。死後の世界もある。死ですべてが無くなってしまうわけではない、ということです。本当のことはわかりませんよ。でもそう考えたら、死ぬのが怖くなくなるから、いい考え方ですよね。「死後はどうなるのだろう？」という興味も湧いてきます。

僕も年齢的に80代に入り、親しかった友人や身近な人の死をたくさん体験しています。最近は、自分の死ですらとても身近なものになってきました。残された日々をどのようにして、一日、一日、暮らすことができるかが、今、僕の一番の課題になっています。残された毎日を本当に感謝して、大切に生きようと思うようになりました。

幸いなことに、「死んでも大丈夫」「死後の世界はあるから」と心から思っているので、死ぬのは怖くありません。実際は、死んだらどうなるかの、本当のところはわかっていないのでしょうが。

僕もスピリチュアルなことに関心をもつようになる前は、「人は生まれて、一生をあれこれして過ごし、子孫を残して、ただ、死んでゆくだけだ」と単純に思っていました。

しかし、40代に入ってすぐ、幸いなことに、素晴らしいセミナーに出会って、真面目に、「人生って何だろう」と考え始めました。さらに、「そもそも人間って何なのだろうか?」「自分は何をするために生まれてきたのだろうか?」と追求していったら、スピリチュアルな世界へと導かれて、その関係の本を翻訳したり、書いたり、人前で話したりするようになりました。今では、「本当の自分とは、体でもなく、頭脳でもなく、感情でもない、魂なんだ」と確信しています。

自分とは、「意識」であり、「魂」であり、「神の一部」であり、また「光」、「宇宙」または「愛」である、と言われています。実はそのどれもが同じもので、言葉が違っているだけだと思います。それぞれに自分にぴったりとくるものを受け入れれば、それでいいのでしょう。神も光も宇宙も愛も私も霊も無もみんな同じもの、そういうところに僕は行きついたのです!

私たちは永遠を生きている。今という瞬間のなかに永遠がある。そのように昔の賢人たちは教えています。その時々で自分が納得できて、一番自分にぴったりくるものを、自分のなかに取り入れたらいいのだと思います。僕は全部受け入れています。正解なんてわからないのですから。

本当の自分は、「エネルギー体」であって、目には見えません。私たちはそれを「命」と言ったり、「魂」と言ったりしているのだと思います。ここでは本当の自分は魂だということで、話を続けたいと思います。

本当の自分は「魂」であり、生きている間は人の体に宿っているといってもいいと思います。そして、人間が死ぬと、肉体から魂が脱《ぬ》け出して、見えない次元に移行していくのです。

「魂」は亡くなったあとも存在している、だから「人は死なない」というわけです。そして人は誰もが何回も生まれ変わって、修行を積んでいるのかもしれません。

人は死ぬと、目に見えないドアを通り抜けて、魂だけが違う次元に行き、肉体はこの次元に置いてゆきます。肉体は洋服のようなもので、死ぬということは魂が洋服を脱ぎ捨てるようなことで、本当の自分である魂は、死んだあともずっと続いていきます。

魂は神の一部でもあります。日本人は昔から森羅万象に神を感じてきました。「八百万《やおよろず》の神」という言葉がありますが、すべてのものに神が宿っている。それは、私たち人間も例外ではないのですよね。だから、人はみんな神の分身なのです。そう考えると、生きとし生けるものはみんな同じもので、本来、みんな平等の存在であるということが、すんなりと心のなかに入ってくるような気がします。

神は自分の外にあると思っている人が多いと思いますが、実は人はみな自分のなかに神の部分をもっています。つまり、人はみな、神の一部でもあるのです。自分の本質は実は神である、ということを多くの人が見つけるといいなと思います。

「自分のいい部分はここ」というふうに、日常のなかで自分のなかに素晴らしい資質を探していくのです。すると、私たち一人ひとりは無限に尊いものだとわかります。自分はいつも神とつながって生かされている、という感覚は安心の源になると思います。

死は完結であり、始まりでもあります

亜希子

こんにちは、亜希子です。

私も本当の自分は魂だと思っています。もう、紘矢さんが詳しく説明してくれたので、これ以上、このことについては言う必要はありませんよね。みなさん、よくわかりましたか？（笑）

一つ付け加えれば、今は、みんなが本当の自分である魂に戻りつつある時代ではないか、ということかな。

私たちはお母さんのお腹《なか》の中に魂として入ってくるときには、自分が魂だと知っているようです。でも、この世に生まれた途端に、どんどんそのことを忘れていって、この世のさまざまなことを勉強し始めます。そして、本来の魂の上にいろいろ邪魔なものをつけていって、ついには自分が魂であり、神の一部であることを忘れてしまうのです。

そして、今まではそのようになった人間が自分の好き勝手に世界を作って戦争をしたり、自然を傷めつけたりしてきました。それが今でも続いていますよね。けれど最近、自然災害や病気、戦争や天候不順などが起こって、やっと、これでは大変だと思い、自分たちが一体何者であるか、多くの人が気づき始めているのですね。

自分が何者か、魂であることに気づけば、死に対する感覚も変わってくるでしょう。死も自然の一部なのですよね。そして、生と死とは一つのものだ、ということがなんとなくわかってくる。だって、人は生まれて死ぬことになっているのですから。死は一つの完結であり、新しい始まりでもある、ということも、なんとなく感じ始めるでしょう。

私は、特別に死について考えたり勉強したりしたわけではありませんが、死を怖いと思ったこともなく、輪廻《りんね》転生や死後の世界や、ご先祖様が守ってくださっている、といったことが子どもの頃から自分のなかにあったように感じています。神様もちゃんといました。その神様はお空のお星様でしたが。自分のなかに神がある、なんて知ったのは、スピリチュアルな本を訳し始めてからかもしれませんね。

死については、あまり深刻に考えなくなっています。年のせいかどうか、友人知人の訃報が多くなっていて、もう会えないと思うと残念ですが、あまり悲しい思いはありません。みんなそれぞれの人生をまっとうして、今は安らかに向こう側の世界で休憩している、そしてきっと私たちのそばにいて見守ったり、教えたりしてくれている、などと感じるのです。

輪廻転生のなかで、人は死なない

紘矢

僕の場合、生まれ育った家庭は宗教的なバックグラウンドは全然なくて、「宗教なんかは、人間の都合のよい作りもので、何か困っていることがある人が頼るものだよ」というように教えられていました。それで、神という概念も人間の想像力が作ったものだと思っていました。ましていわんや、輪廻転生などはあり得ない、と思っていました。

そして人生において何が大切かといったら、よく勉強して、いい大学に入って、いい会社に就職して、お金も稼いで、いい家庭をもつこと。それがよいことだと信じて、世の中でよいと言われる価値観に従って、ずっと生きていたのです。

そこで、高校までは勉強を一生懸命して、大学は東大法学部に入り、就職は大蔵省に入りました。そして26歳で結婚して、それなりの家庭を築きました。子どもは生まれなくて残念だったけれど。それも受け入れて、そんな自分にけっこう満足していました。

しかし、公務員の仕事ではないもっとクリエイティブな仕事がしたいという夢があったように思います。そして40歳の頃にたまたま受講したセミナーで、「自分自身を知ることの大切さ」を知って、役所で上から命じられた仕事ではなくて、何か自分にできるクリエイティブなことがしたいと思っている自分を発見したのです。

ちょうどその頃、シャーリー・マクレーンの『アウト・オン・ア・リム』という本に出会いました。その本で一番驚いたこと、心に響いた場面は、見えない世界から精霊が出てきて、「自分自身を知りなさい」と言う箇所でした。

ドンピシャでした！　セミナーを受けて、わかったことでしたから。それで、

「この本はすごく大切な本だから、日本のみんなにも読んでもらいたい」と思い、翻訳をしたいと思いました。それまで翻訳の経験もないのに、翻訳に向けて動き始めた途端に、どんどん事が進んで1か月で翻訳できることになったのでした。

この本の中でもう一つ、印象に残ったのは、輪廻転生のことでした。実はすぐにはそんなことは信じられませんでした。ところが、その本をアメリカ滞在中に妻の亜希子と翻訳してから少しして、僕はリア・バイアースというチャネラーの女性に会いました。『アウト・オン・ア・リム』中で語られるような前世が、自分にもあるのか知りたかったのです。リアはサン・ジェルマン伯爵という精霊と交信することができ、僕の質問に答えて、僕の前世を教えてくれたのでした。

まず中国では身分の高い貴族の一員だったのですが、世の中をもっとよくしたいと思って、クーデターを起こして殺されたという人生でした。

その後ロシアに転生して、そこでも革命家だったようです。世の中をもっとよくしたいという思いからまたもや革命を起こし、同じように最後に殺されたというのです。

そして、中国でもロシアでも、亜希子と夫婦でした。お陰で輪廻転生は本当にあるらしい、と思えるようになったのでした。

「そで振り合うも他生の縁」といいますが、「他生」とは前世や来世という意味ですから、昔の人は誰もが輪廻転生を知っていたのではないのでしょうか?

輪廻転生をしているのは、魂の部分です。魂はずっと続いていて、時々地上に降りてきては新たに人間の肉体の中に宿り、違う人生を過ごすのです。そこで、「人は死なない」と言うことができるのです。僕は今、そのことを多くの人々に知ってもらいたいと思っています。

輪廻転生があるということを知れば、人生が変わります。死後も魂は存在し続けている、「人は死なない」ということは、僕の世界観のなかでは普通のことになっています。

本当の私たちは魂の存在であり、輪廻転生を繰り返して成長していくのではないのでしょうか?

人が亡くなっても、その魂は異次元のどこかに波動として存在しているに違いありません。向こう側からは、こちら側が見えているのかもしれません。あなたの感謝や愛の思いは、死んだ人にも伝わるのではないでしょうか？　向こう側に確かに行ってしまった。その手をもう握ることはできないけれど、実は死んでも生きていて、いつも一緒にいられる。そういう感覚になれたならば、幸せですよね。

死は人生という舞台のワンシーン

亜希子

夫の過去生について聞いたときは、びっくり仰天でした。でも、彼が革命を起こしているときに、私は妻だったと知ったとき、なんてつまらないと思った記憶がありますね。それは、「男の人はそうやって歴史に残っていくけれど、女の人は残らないじゃない」と思ったからでした。

あとになって、私自身がチャネラーになってから自分の過去生を調べてみたら、革命家の妻だったときもいろいろ苦労していたことがわかりました。お金の工面とか、後始末とか。

今生では、紘矢さんは暴力革命が役に立たないことをやっと悟って、今度は精神革命というか、意識革命に参加することにしたのだと思います。そして、私は表に出ずに苦労だけする妻ではなくて、自分も表に出て苦労する妻を選んだのでしょうね。

だから、二人で仕事を一緒にしているのだと思います。そのせいか、私は、女性が自己肯定感や意識を向上させる必要があることを、ずっとみなさんに伝えてきました。

輪廻転生を昔の人は信じていたというか、感じていたと思います。仏教の概念にもありますしね。

私たちは、年をとって肉体という今着ているボロボロの服を脱ぎ捨てたら、一旦魂やハイヤーセルフといった存在になってしばらく向こう側の世界で過ごし、それからまた地球上に降りてきて新しい肉体に入り、そしてまた戻ってゆく……。これが輪廻転生です。

そしてもう戻ってくる必要のない人は、もっと自由にどこかに飛び立っていく。そんな感じではないのかな、と思っています。

若い人など、そういうことをなんとなく知っている人が増えていますよね。子どもに至っては、生まれてくる前のことを覚えている子がいっぱいいますし、前世を覚えている子もいますね。

私たちは、魂なのにわざわざこういう重たい体をもって地球に来て、いろんな病気をしたり人間関係や経済的な苦労をしたりしながら生きる……。そういう演劇をやっているということかもしれません。だとすれば、死もそのワンシーンに過ぎない、という見方ができます。

死んだら、舞台裏に移動するということです。「こんなかつらも嫌だし、やっと衣装を脱げる」とか言って全部脱いで、楽になって、舞台の裏側で、さっきまで戦っていた相手と一緒になって笑っている、なんていう話もありますけど、でも実際そんなものかもしれません。

だから、それぞれ違う死に方をするわけです。一見悲惨に思えるような死に方も、もしかしたら勇気のある魂たちがそれを選んでいるのかもしれません。輪廻転生があると思うと、そういうこともありそうだと思えてきませんか。

死も「魂の約束」ですから

紘矢

私たちは、誕生のときに人生のシナリオを持って生まれてきて、そのシナリオ通りに生きているそうですよ。自分と神様とで約束をして、描いてきたものがあるのだそうです。生まれてきてからはそのことをすっかり忘れてしまっているので、みんなシナリオの内容をわからずに生きているのですが。

どんなところに生まれるのか、どんな両親のもとに生まれるのか、どういう国に生まれるのか、男に生まれるのか、女に生まれるのか、どういう職業について、どういう人といつ出会って、どういう家庭を築くのか……、いろいろと決めてきているようです。

ものごとに偶然はない、ということですね。みんな自分がすべきことをしているのだ、と思えれば、他人をうらやましがる必要はないわけです。

すべては「魂の約束」ですね。だから、死についても、魂はいつどんな理由でこの世を去るのかまで、約束をしてきているのです。今生では、こういう人生を送って、なすべきことをして、それが終わったときに、みなさんとお別れをする、とそんなふうに決めてきているわけです。

死に方も約束なのです。いつ、どんなふうに死ぬのかということも、すべて決めてきたことと考えると、大切な人との別れも、受け入れやすくなるのではないかと僕は思っています。

これは「運命論」という考え方です。そう思えない人に、押し付ける気持ちは少しもありません。ただ、僕は高齢になればなるほど、自然とそう思えるようになってきました。

ものごとの全体像がわかっている人間は、誰もいません。私たちはごく限られた範囲でしかわかっていないのだと思います。だから、あなたが、そう思えば、あなたにとってそれが真実なんだと思います。絶対的な真実は、誰にもわからない。それこそ、神のみぞ知る、というところでしょう。

その死に方が辛《つら》くて仕方がないという人は、たくさんいると思います。悲劇もあると思います。早すぎる、突然すぎる、と嘆く人もいるでしょう。でも、それも全部約束してきたことだ、と受け入れざるを得ないでしょう。どのような亡くなり方であったとしても、あなたがそれを受け入れることで、亡くなった人も安心できますし、供養にもなるでしょう。いろいろなことがいい方向に向かっていくと思います。

向こう側の世界に行った人は、「魂の約束」のもとで逝ったことをわかっていて、遺《のこ》された人たちの幸せをあちら側から願っているのですから、その人の死さえも感謝して受け入れて、元気に暮らしていったら、きっと亡くなった人たちもうれしいはずです。

親しい人の死が自分へのギフトであると気づくと人生が違ってきます

亜希子

この本は、編集者の吉度さんが4年前にご主人を亡くして、同じように辛い思いをしている人たちに向けてメッセージを届けたいという思いから企画されたものでした。とても仲のよかったご主人が突然目の前からいなくなり、彼女は悲しみのどん底に突き落とされて大変だったのです。

でも、亡くなってからしばらくはお目にかかることもなく、明るくて元気そのものの吉度さんが、それほど打ちのめされているとは知らずにいました。1年経《た》って千葉で久しぶりにお目にかかったとき、彼女がすっかり面変わりするほどに弱々しくなっていることに、私は胸を突かれる思いでした。なぐさめる言葉も出ない感じだったのです。

でも次にお目にかかったときには、「あんなに弱っていた彼女が、今はこんなに元気になっていた！」というような姿を見せてくれました。人は悲しみから立ち直ることができるのだ、と本当にうれしかったものです。

その元気のなかに、「私は一人でも生きられる」というたくましさを身につけたことと、「夫は、姿形はなくなったけど、いつも私を助けてくれている」と、彼女がわかっているということを感じました。彼女は悲しみから抜け出して、ご主人の分まで生き始めたということですね。

そういうふうに考えると、人の死というのは、ある意味、遺された人へのプレゼントだと受け止めることもできるわけですよね。

そして、すべてが「魂の約束」なのですね。生まれてくる前にお互いに約束していても、生まれてからは、そんな約束は完全に忘れています。だから、死という別れがやってくると、亡くなった人は向こう側の世界に行って、「ああ、こうなることになっていたね」とすぐに約束に気づきますが、遺された人はそれを思い出せません。

愛する人を失った悲しみに暮れ、自分だけ残されてしまったという喪失感に苦しむのでしょう。そこから自分の生き方を見直さざるを得ないという、厳しいレッスンが始まるのですね。そして悲しみを乗り越えて、自分の人生を再構築していきます。最後は愛する人の死が、結局は自分にとって大きなギフトでもあったことに気づくのでしょう。

実際、吉度さんもそう感じているそうです。現在のお住まいは空気がきれいで野草が豊富な山の集落にあって、家の裏には広い畑があり、田んぼも歩いていける場所にあり、「半農半X」や食養関連の本を多数編集してきて、野草料理教室の講師もしている彼女が理想とする家でした。

この家のオーナーから、引っ越しの提案をされたのはずいぶん前だったのですが、そのときはご主人のオッケーが得られなかったそうです。山の集落は男が出ていかなければならない行事がたくさんあることを、彼が知っていたからだとか。

それで、その家には別の人が住んだのですが、ご主人を亡くして2年経った頃、ひょんなことから、そこに住むことになったといいます。それは、ご主人が生きておられたら、かなわなかったことでした。

念願の半農半編集者となって、大好きな野草に囲まれた最高に心地いい家で暮らせている幸せを、彼女はご主人の死によるギフトだととらえていて、今ととても感謝していると言っていました。

大切な人を亡くしてから何年かして、これがギフトだったとわかってくると、その後の人生はまったく違ってきます。これは、とても大事なことだと思います。ギフトに気づくと人生がすごく深くなって、感謝が増してきて、その人の波動が全然違ってくるのですから。

そして、それは遺された人に大きなレッスンを与えてくれる、と言ってもいいかもしれませんね。それぞれに親しい人の死から学び、自分自身を深めていく、ということでしょうか。

吉度さんの場合でいえば、一生懸命食養を教えていたかつての彼女よりも、ただそこにいるだけの今の彼女のほうが、ずっと大きな役割を果たしていると思います。今、彼女が放つ光はとても輝いているからです。だって、ご主人の分まで輝いているのですから。

それは彼女が本当の意味で自立し、自分のもつ無限の力に気づいたからだと思います。

そしてその光は、いるだけで誰かのところに届いていきます。生徒さんたちは食養の料理教室に玄米の炊き方を習いに来たつもりなのに、実際は光をもらいに来ているのかもしれません。

彼女の光が輝き始めたとき、彼女が作る本も料理も何もかも、今までとは違ったエネルギーを届け始めるのです。

亡くなることによって、大勢の人にギフトをもたらす人もいます。たとえばジョン・レノンですね。彼があんなふうに40歳で死ぬことによって、世界中の人がどれだけいろんなことを考えたか。「イマジン」という曲があんなに有名になったのも、彼の死があったからかもしれないですし。

たった40歳で銃撃されるという本当に悲劇的な亡くなり方で、彼は世界中の人々にどれくらい大きなプレゼントをくれたことかと思います。そう考えると、彼の死に対して、私たちは感謝しかないですよね。

いろいろな人の死を思うと、死はその人の最後のメッセージであり、遺された人への大きなプレゼントでもある、と思うことが多いです。

そして人は死ぬときに、必ず次の人に素晴らしい何かを与えていく、という話も聞いたことがあります。これは量子論的な事実だそうです。私の友人の一人は、お父様が息を引き取った瞬間、とてつもなく大きな愛に包まれた体験をしたそうです。

数年経った現在でも、困ったとき、落ち込んだときに、その力強い大きな愛を思い出すと、「すべては大丈夫。守られている」と瞬時に感じることができるのですって。

死んでも大丈夫ですよ

紘矢

「死ぬのは嫌だ」「死にたくない」「死んでたまるか」「ここで死ねない」「死なないでくれ」「死なれたら困る」……。こんな言葉を始終見たり聞いたりするということは、死にたくない、死ぬことは非常にいけないことだと思っている人がたくさんいるのでしょう。

でも、人間がずっと生きていたら大変です！　100歳になっても、200歳になっても、誰も死ななかったら、とんでもないことになってしまいます。

ところが、この宇宙はうまくできていて、ある程度になったら、まるで新陳代謝のように入れ替わりが起こってきます。誰もが、死ぬようにできているのです。

前述のように、人々は約束してきた時期がきたら、古くなった体を脱ぎ捨てて魂となり、またこの世界に戻る、もしくは次の段階に行くわけです。次の段階というのは、悟りを開いて本当に高くなった魂が、輪廻転生から離脱するということですね。

人類を助けるためにまた戻ってくる、とても高貴な魂もたくさんいるのかもしれません。これは僕の推察に過ぎませんが。たとえば釈迦《しゃか》やイエスのような人がいたとしたら、彼らは人類を助けに生まれてくるのかもしれません。

いずれにしても、魂は死んでも生きています。だから、死んでも大丈夫なのです。そこがわかれば、死を一概に否定的にとらえる必要はなくなります。

自分も、ほかの人も、「いつ死んでもいいんだ。今生すべきこと、したいことはすべてやり終えた。素晴らしい人生だった」という気持ちで死ねたらいいな、と自分についてはそう思っています。

「死んでも大丈夫だ」ってみんなが思えたら、世の中が変わってくるでしょう。死に対して恐怖感をもつことなく、誰もが安心して生きられるようになりますから。

日本では、葬儀の席で笑ったり騒いだりしてはいけないけれど、インドネシアのバリ島で行われているお葬式は、お祭りのようにとてもにぎやかです。人々が信仰しているバリヒンドゥー教では輪廻転生が信じられているため、お葬式は新たな人生の門出を祝う儀式なのだそうです。インドでも、音楽とダンスの行列という葬式に出会ったことがあります。

そういえば、黒澤明監督の『夢』という映画にも、ぴぃひゃらどんどんで送り出すシーンがありました。僕も、死んだら明るいお葬式がいいと思っています。黒い服を着なければならない、泣いて、泣いてというお葬式ではなくて、みんな笑って、「ありがとう」「ありがとう」というようなお葬式がいいと思います。

輪廻転生があるから、死んでも大丈夫なのだから、お葬式も明るくできたらいいなと思います。そうはいっても、若くして亡くなった場合や急に亡くなった場合には無理だとは思いますが。

死をポジティブにとらえれば世の中が変わるかも

亜希子

夫の父は40年前に亡くなりました。お葬式は曹洞宗のお寺で行われました。私の実家は浄土真宗でしたので、お葬式はお坊さんの読経があるくらいで、とても静かでした。それに対して、曹洞宗のお葬式は、とてもにぎやかでびっくりしました。太鼓やシンバルのような仏具で、お坊さんが大きな音を鳴らします。そのほか、遺族が何人か前に出て、おじぎを繰り返したりして、派手なお葬式だったのを覚えています。

それが輪廻転生と関係あるのかどうかは知りませんが、もしかして、このような葬式は、死者を明るく天国に見送るためかもしれませんね。

結局、死んだらどうなるか、ということなのでしょう。人は死ぬと無になると言う人もいれば、天国に行ってずっとそこにいる、と言う人もいる。輪廻転生してまた生まれてくる、と言う人もいます。

私は前述したように、輪廻転生はあると思っています。自分で過去生を思い出したことが何回もあるし、その転生が今の人生に深く影響を与えていると思うからです。でも今は、そのあたりはどうでもよいと思うようになりました。

ただ、私たちは魂であり、どこから来たかといえば、宇宙というか神様の世界からこちらの世界へと降りてきて、人間の肉体に入ったのだと思います。そこで人間として地球上でしかできない体験をして過ごしたあと、肉体から脱け出て(死んで)、また神の世界へと戻っていくのだ、と思っています。

愛する人の死も、その体験の一つですね。そして自分も死を迎えて、まわりの人たちに貴重な体験をプレゼントするというか。

大切なのはどう生きるか、ということなのでしょう。そして、生きることのなかに、この本のテーマである愛する人、親しい人の死をどのように受け取るか、その悲しみをどのように乗り越えていくかが、一つのとても大切な体験として、テーマとして存在するということかもしれません。

今の私がどのようにとらえているかといえば、魂として向こう側の世界に行くだけだ、と思っています。その後、向こう側の世界に存在していて、遺された人たちを見守っている、という感じです。そしてまたいつか、地上に戻ってくる。

さらに、いつもみんなと一緒にいることができるというか。体を脱いだらとても自由で、多分どこにでも行けて、会いたいと思う人にはすぐに会える、そんな感じなのかなあ。

そして、実は遺された私たちといつも一緒にいるのですが、それを私たちは普段気づかないのでしょう。時として、何かの弾みで、亡くなった人の声が聞こえたり、姿が見えたりする人もいるようですね。

亡くなったお父さんがトンボになって来てくれた、と言う方に、つい最近出会っています。

そういえば、夫の父のお葬式のときには、大きなクロアゲハが家族のまわりを舞っていました。お父さんがクロアゲハになって現れて、僕はこんなに自由になったよと、伝えてくれたような気がしたものです。

死というものを終わりではないととらえる人たちが、日本にも増えてきている気がします。これまでの日本の社会では死をタブー視しがちだったけれど、それが少しずつとれてきているようですね。

でも、まだ多くの人が、「人間は死んではいけない」とどこかで思っていますね。それはとてもおかしなことだと思います。人は死亡率100%です。死なないほうが困ってしまうと思うのだけど、誰かが死ぬと「大変、大変」と言って、100歳のおばあちゃんが亡くなると、もっと長く生きるはずなのに死んでしまったと、嘆いていますね。

もちろん、もっと長生きするのは素晴らしいことですが、100歳まで生きただけで本当にすごいです。「100歳まで生きてくださって、ありがとう。体も辛かったようですから、やっと楽になれてよかったですね」と感謝して送り出してあげたいな、と思います。

101歳で私の母が亡くなったときは本当にそんな感じで、向こう側の明るい世界に行くのを、みんなで「よかったね、やっと楽になれたね」と言って見送りました。

最近は、そういう話をできる人たちが増えてきているのも事実だと思います。

今回のような本を作ろうという動きの背景には、やはり私たちの死に対する意識が変わってきたということがあるような気がします。死を忌み嫌うのではなくて、みんながポジティブにとらえるようになったら、今みたいに病院でたくさんのチューブにつながれて死んでいくような大変な死に方ではなくて、本当に満足して死ねるようになるかもしれません。

意識が変われば、すべて変わってきます。引き寄せるものが、みな変わってくるのです。当然、医療も変わってくるでしょうから、死に方も変わってきます。死に方が変われば、遺された人たちの生き方にも変化がみられるでしょう。

死をポジティブにとらえることは、人々の生き方を変えることになり、それが世の中を変えていくことにつながっていくと思います。

PART 2

喪失感からの立ち直り方

悲しいときは悲しみましょう

紘矢

もしあなたが、大切な人、あるいは大好きな愛犬か愛猫を亡くしたばかりでこの本を読まれているとしたら、それは深い悲しみの淵にいると思います。何も手につかない、食事さえもしたくない、そんな状態の人もいるでしょう。でも、それでいいと思います。悲しいときには、存分に悲しんでください。泣くときは、涙がかれるまで泣きましょう。

本当の意味で、喪に服すということですね。その期間もとても大切な時間です。他人の目を気にする必要もないと思います。十分に悲しみを味わえば、時間が経つと、必ずそこから抜け出すことができます。

悲しいのに平静を装ったり、泣きたいのをがまんしたりして感情を抑圧すると、その感情が体の中に、塊のようになって残ります。するとあとになって、鬱っぽくなったり、健康を害したりします。悲しみや喪失感がいつまでも残って、人生を十分に楽しめなくなることもあります。

なかには、何年経っても悲しみ続ける人もいます。故人の優しさや、共に過ごした素晴らしい思い出が忘れられずに、ずっと悲しみを抱えて生きると決めている人もいます。それもまたよいと思います。それはその人の選択です。

そんなあなたを見て、まわりが心配するかもしれませんが、「今は悲しんでいよう」と思っていればいいのです。まわりの人は、「寂しいよね」とそっと寄り添ってあげるだけでよいのかもしれません。

ずっと悲しむのだ、と決めたとしても、時が来るといつしか悲しみが薄らいできます。そして元気になりますよ。その時期も、神様と決めてきていますから。その悲しみにひたっているのも、自分でやっていると思っているけれども、実は神様がやっていることなのです。

すべてはプログラム通り。だから、悲しくて辛い自分を否定しないで、受け入れてみてくだい。そういう自分をゆるしてください。少し気持ちが楽になってきませんか?

悲しみ尽くすことが大事ですね

亜希子

亡くなってすぐは、通夜や葬儀、香典返しの手配、そのあとは相続関係やもろもろの手続きなどがあり、けっこう忙しくて気が紛れているのですが、いち段落したら悲しみの波がドッと来た、という人も多いようですね。やることがなくなったら、ガクッときた、みたいな。

前述の吉度さんも、そう言っていました。香典返しを送り終えて、片付けなければならない作業が目の前からなくなったら、急に寂しい、悲しいという思いでいっぱいになってしまったと。これは、遅れてきた悲しみですね。

PART1でも書きましたが、ご主人を亡くして1年後くらいに千葉の講演会に来てくれたとき、あまりにも悲しみに打ちひしがれていて、胸が痛みました。彼女はすっかり精気を無くしていたのです。そして、悲しみを隠さず話してくれました。それもよかったのか、次に会ったときにはもう以前とほとんど同じくらい元気になっていました。

十分悲しめば、ちゃんと起き上がりますよ、ということですね。悲しみを尽くす、ということが大事なのだと思います。悲しいときは本当に泣けばいいし、人に頼ってもいいと思います。

悲しみをしっかり味わっていると、悲しみのエネルギーがどんどん外に出ていって、それがあった場所に新しいエネルギーが入ってくるような気がします。

さらに不思議なことに、愛する人を失った悲しみだけでなく、前から自分のなかにあった悲しみや不要な感情も一緒に出ていってくれるようです。自分のなかからネガティブな感情のエネルギーが出ていって、心が浄化されるということか。そして、以前より元気になる人もいます。

見ていると、人それぞれ、それこそ魂が約束してきた対処の方法があるように感じます。「すべてには時がある」ということもありますしね。
だから今、あまりにも悲しい状態であったとしても、きっと大丈夫！　その一言に尽きる気がします。

私たちは、幸せなことだけでなく、いわゆるネガティブなこと、辛いことも体験するために地球に生まれてきています。辛い体験から至福の体験まで、全部できるのが地球なのです。それが肉体をもっているということであり、どちらもとても貴重な体験です。喪失感も悲しみも、貴重な体験の一つなのだと思います。

死は遺された人々に大きな変化と成長の機会を与えます

紘矢

誰かの死は、まわりの人間に大きなショックを与えますが、遺された人の人生においては大きな学びのチャンスでもあります。

亡くなった人に依存して生きてきて、自立できていなかった人は、これからどうやって自立していくかを考えなければなりませんし、二人三脚で生きてきた人は、孤独をどうやって克服していったらいいか、自分と向き合っていかなければならないでしょう。

私たちに起こることは、すべて私たちを成長させるためのものですから、病気も死もみな成長のためなのです。「魂の約束」で決めてきたことですから、そのなかで何かを学んでいるのだととらえればいいと思います。

大切な存在を亡くしたときは、ものすごく大きな衝撃で何もできなくなったり、混乱してしまったりするけれど、それもあってよいことなのです。混乱するからこそ、一体自分はどうなっているのだろう、人生とは一体何なのかと深い気づきの機会になるでしょう。

何もできなくなって、1年ぐらいずっと喪に服すというのもいいではないですか。そうやって落ち込むのもいいと思います。

本当に、辛かったですよね。でも、成長のために起こることなのですから、必要な期間が過ぎれば、自分の成長のための出来事だったと、ポジティブにとらえられる時が訪れるでしょう。

大切な人がいない人生を切り開いていかなければならない人に伝えたいことは、それを体験することによって、あなた自身がすごく成長して、人としての幅が広がり、他人に対する思いやりもずっと広く大きくなる、ということです。

それまでできなかった自分の好きな仕事をして、世のため人のためになることができるようになったり、体験した悲しみをブログや本に書いて、自分の才能を発揮すると同時に人を助けたり……。そういうことも、起こるかもしれません。

みんな、成長するために人生を生きています。誰かの死も遺された人の成長のために起こっているととらえると、納得がいくのではないでしょうか。

死は誰かの生き方を変えることもあります

亜希子

死は魂の成長のためにもたらされる、ということですね。私は、生後2か月で亡くなった赤ちゃんと、あとで述べる自動書記で交信したことがあるのですが、その子は、「お母さんが本当に成長するために、僕はお母さんとの約束で生まれてきたんだよ」と言っていました。

そして、「お母さんの愛情をいっぱい受けたし、その思いを受け止めたよ」とも言っていたのですが、その子は自分の短い人生を生き切って、お母さんに大きなレッスンを与えるために亡くなっていったことがわかりました。
まさに「魂の約束」でその赤ちゃんは生まれ、2か月間生きて、お母さんの魂を成長させるために去っていったのでした。お母さんはどんなに悲しみに暮れたか想像もつきませんが、赤ちゃんからすれば、予定通りだったのかもしれません。そして何年かしたら、その意味はお母さんにも、きっとわかったことでしょう。

誰かの死は、身近な人の生き方を変えるために起こることもあります。それまでは人に頼ってばかりいたのに、その人を失ってから自分のなかに変化が起きて、一人で生きられるようになっていくことは往々にしてあると思います。
大きなことだけでなく、たとえば、コンピュータをずっとご主人に教えてもらいながら使っていた人は、彼が亡くなったら自分でやらなければならなくなりますよね。そうすると、少しずつ一人でできるようなっていきます。一事が万事、そういうものだと思います。つまり、自立するのです。

30歳を過ぎても働かずに家にいた男性が、35歳のときに両親が亡くなって、そこから普通に働きだしたという話も聞きました。

遺された人の魂の成長を促したり、生き方を変えたりするのも、死がもたらすギフトかもしれませんね。

何か打ち込めることをしてください

亜希子

誰かを亡くして寂しくて仕方がないとき、打ち込めることがあるかどうかで、立ち直り具合が変わってきます。

この本の版元、パルコ出版の担当者である堀江さんは、立て続けにご家族を亡くされた経験をおもちでした。お兄様が亡くなった翌年、お母様が亡くなり、その3年後にお父様が亡くなられたのです。堀江さんは嫁いで実家を出ているけれど、元々は4人家族でした。それが、短い期間に3人ともバタバタと亡くなってしまって、自分一人が遺され、とてつもない寂しさに見舞われたと言います。

このとき、支えになったのがお子さんだったそうですが、子どもほど深い悲しみから救ってくれる存在はいないと思います。私は今生、子どもをもったことがないので、本当のところはよくわかりませんが、小さな子どもがいれば、日々してあげなければならないことが山積みですし、外の状況に関係なく、子どもはおかしいときは笑い、時にはだだをこねたりして、明るい空気を作ってくれます。

大きな子どもであれば、遺された人の悲しみを理解して、親友のように寄り添ってくれるでしょう。いろいろ相談相手にもなってくれるかもしれませんね。


そしてなにより、「仕事で気が紛れた」と堀江さんは言っています。出版社の編集部でフルタイムで働いていれば、次から次へと仕事が来るわけですから、そこに集中することで寂しさを克服されたのだと思います。

「やらなければならないことがあるから、その間は忘れていられましたね。家で専業主婦をしていたら、亡くなった家族のことをずっと思っていたと思いますが、仕事があったことが大きな救いでした」と堀江さんは言います。

一方、前述の吉度さんは、コロナ禍に突入してすぐにご主人を亡くされたので、講座や料理教室も自粛、親戚や友人たちも外出を避けるというステイホーム中に悲しみのどん底となり、本当に辛い状況に身を置くことになってしまったそうです。手がけていた本ができあがったばかりだったので、目の前にやらなければならない編集作業もなく、頭のなかは亡くなったご主人のことばかり。

仕方なく、彼女は毎日よもぎを摘みに行ったそうです。野草料理の本を編集したり、自ら野草料理教室で教えたりしていたので、毎年この時期はよもぎ茶を作るためによもぎを摘んでいたのですが、さすがに毎日ということはなかったそうです。でもその年は、まだ肌寒いなか、朝、家事を終えてやることがなくなると、よもぎに癒されに外に出たと言います。何かしていないと気が狂いそう、という状態だったからです。

「よもぎ摘みは瞑想《めいそう》でしたね。『ホ・オポノポノ』（P58）をずっと唱えながら摘んでいました」

こう彼女は言いますが、何かを一生懸命にやっていると、確かに瞑想しているみたいになりますね。瞑想をすると自分のなかにずっと深く入っていくのですが、そうすると、この本のテーマである魂のレベルというところに戻っていきます。

普段は常にごちゃごちゃ何か考えている頭が静まって、よもぎ摘みだけに意識が集中する、これはまさに瞑想そのものです。そして、本当の自分、宇宙とつながっている自分を取り戻して、すでに宇宙に行ってしまったご主人とも、深いところでつながっていたのかもしれません。

さらには、神の恩寵《おんちょう》のようなものがバーンと入ってくるのです。そこから、多分、吉度さんも元気になり始めたのではないかと思います。

よもぎ摘みは、神様が吉度さんに与えてくれたギフトだったと思います。悲しくて、寂しくて、苦しいとき、まわりを見ればちゃんとその人のために用意されたものがあるのでしょう。彼女の場合、それが春の野に生えるよもぎだったということですね。

大事な人を亡くして、まさに今、喪失感や絶望感にさいなまれている人は、何か好きなことがあれば、そのことをやればいいし、特に好きなことがないという人は、とにかく目の前にあることをひとまずやっていき、それが終わったら家の片付けでも、ほかの家族のお手伝いでも、なにかできることを探してやってみるといいかもしれません。

体を動かしていると、自然と気の流れや血流がよくなっていきます。体と心はつながっているので、体が少しでも調子よくなると、心もそれに伴って楽になっていくでしょう。

いずれにしても、何もかもすべてを時の流れと神様にゆだね、無心になって何かに打ち込んでいれば、少しずつ気持ちが楽になっていきますよ。それこそ、瞑想そのものだからです。神様という言葉に違和感があれば、大自然にゆだねるとか、時の流れにゆだねるとか、そんな感覚がいいと思います。


もう一つは時間薬《じかんぐすり》ですよね。病気でも精神的な苦しみでも、時間は最大の癒しの源です。

愛する人を失ってすぐは、悲しみと喪失感と無力感などで圧倒されて、人によってはもう立ち直れない、というところまで行くかもしれません。でも、悲しみに暮れながら日々を過ごすうちに、時が経ってくると、いつしかその悲しみが薄れ始め、そして生きる意欲がまた出てくるでしょう。そして新たな人生を歩み始めます。
だから大丈夫。今の気持ちを大切にしてくださいね。

心が落ち着くマントラを唱えましょう

紘矢

よもぎを摘みながら、吉度さんは「ホ・オポノポノ」（ハワイの伝統的な問題解決メソッド）を唱えていたと言っていましたね。浄化力のある４つの言葉を唱えることで、悲しみの感情をクリーニングして、消していたのだと思います。

「ホ・オポノポノ」

ありがとう
ごめんなさい
許してください
愛しています

辛いときは、こんなふうにマントラや真言などを口に出して言うのがいいかもしれないですね。心が落ち着いてきますから。

僕は「光明真言」が好きで、毎朝唱えています。これは、真言宗で唱えられているものですが、5つの仏が集結して大いなる光で包んでくれるという意味があり、その光はあらゆる闇を祓《はら》うと言われています。

「光明真言」
おん　あぼぎゃー　べいろしゃのう
まかぼだら　まにはんどま
じんばら　はらばりたや

うん

古神道《こしんとう》の祝詞《のりと》にも、よいものがあります。

かんながら
たまちはえませ
いやさかましませ

これは、古くから神様にお願いする際に唱えられていた言葉で、意味は、「神様にすべてをおまかせします。どうか御心のままにお導きください。生きとし生けるものがますます栄えますように」といった内容です。

とほかみ
えひため
はらひたまひ
きよめたまへ

こちらの祝詞の意味は諸説ありますが、簡単にまとめると、「宇宙、地球、父母や祖先に敬意を表して、祓い清める」といったことです。神につながる究極の言霊と言われており、唱えるだけであなたの人生が変わると言われていますから、試してみてください。

最近、「とほかみ　えひため」は、と、ほ、か、み、え、ひ、た、めという8人の古代の神様（ミコト）の名前だということを発見しました。なんと、この8人は兄弟なのです。国《くに》之《の》常立神《とこたちのかみ》の8人の御子様たちです（『日本書紀』の原典ともいわれる文献『ホツマツタエ』から）。

天地の玄気を受けて
福寿光無量

これは、「福寿光無量」だけでもいいですね。無限の光の中にいる感じで、「福寿光無量」と唱えてみてください。光に包まれた自分を想像するだけで、暖かくなって、体が浄化されてゆきます。

ありがとうございます。

感謝の言葉は人生を変えます。これが一番、やさしくていいですね。「ありがとう」は確かに魔法の言葉です。何事にも、誰に対しても、「ありがとう」は絶対に効果があります。言霊の力でしょうか。これこそが、本当の自分に戻る一番の早道です。

僕が「意識教育研究所」というところのセミナーで学んだ「ありがとう」の言葉は、次のようなものでした。

お父さん、ありがとう。
お母さん、ありがとう。
先祖のみなさん、ありがとう。
○○さん、ありがとう。
□□さん、ありがとう。

△△さん、ありがとう。世界中のみなさん、ありがとう。

あるとき、感謝の心が足りなかった僕に不思議なことが起こりました。我が家では「ありがとう事件」と呼んでいます。

僕は45歳頃に、亜希子と共にシャーリー・マクレーンの本を翻訳して、スピリチュアルな仕事を始めました。それとほぼ同時に喘息《ぜんそく》が始まり、1年経つと、仕事を辞めなければならないほど悪化したのです。

仕事を辞めれば喘息は治るのだろうと思っていたのに、反対にますますひどくなるばかりでした。1週間に、2度も3度も喘息発作を起こして、3年間も苦しみました。

あるとき、「意識教育研究所」のセミナーを紹介されて、すがるような気持ちで受講しました。そこで教えてもらったのが、この、「お父さん、ありがとう。お母さん、ありがとう……」だったのです。みんなで声を合わせて、幼稚園児のように合唱しました。

幼稚園みたいなやり方が嫌で、そのときはかなり抵抗感がありました。帰宅してから亜希子に「どうだった?」と聞かれたのですが、研修はおもしろくなかったし、あまり変化も感じられなかったので、「うーん、あんまりよくなかった」と正直に答えました。

ところが、その日の夜、瞑想音楽をかけてうつらうつらしていたとき、突然、「お父さん、ありがとう。お母さん、ありがとう」という言葉が無意識に口から出始めたのです。それと同時に次々と人の顔が現れ、その人たちに、「ありがとう、ありがとう」と、叫んでいました。

その次に地球儀が見えて、世界中の国が見えました。そして、「中国のみなさん、ありがとう」と言うと、中国が面前に迫ってきました。「ロシアのみなさん、ありがとう」と言うと、ロシアが自分に向かって突進してくるのです。「アメリカのみなさん、ありがとう」と言うと、アメリカ大陸が自分にかぶさるようにやって来ました。

僕は無我夢中で、「ありがとう、ありがとう」と叫んでいたのでした。最後には、体が地球を離れていくような感じで、宇宙から地球を見ていました。

僕はそれまで、「ありがとう」と言ったことがなかったのかもしれません。妻は、「ありがとうと言えるようになるために、あなたは病気をしたのね」と言っています。彼女は「ありがとう」と言う僕の声を聞いて、「もう喘息は治っていいのだ。このために、病気になったのだ」と思ったそうです。その後、僕の喘息は少しずつよくなっていきました。

神様、ありがとうございます。「意識教育研究所」のみなさんに、本当に感謝です。まずは、身近な人に感謝する毎日になりました。

「ありがとう」を唱えていると、いろいろなことが変わってきます。ぜひ試してください。僕たちの訳した本のなかにロンダ・バーンの『ザ・マジック』(KADOKAWA)があります。28日間の「感謝ワーク」レッスンが書いてあって、それをやっていると必ずいいことが起こりますから、楽しみながら、挑戦してみてください。魔法のようなことが起こったという体験談が、いくつもあります。

マントラはいろいろありますが、出会ったもののなかで、自分の心に響いたものを唱える習慣を身につけるといいかもしれません。本で見たものでも、テレビで聞いたものでも、自分が癒され、少しでもパワーをもらえる言葉であれば、なんでもいいのです。

亡き人と対話をしてみませんか

紘矢

大切な存在を亡くして、悲しみがいつまでもぬぐえず、あまりにも辛く苦しいとき、そこから抜け出すために、私たちが最もおすすめしたいのは、亡くなった人との対話です。

そんなこと、できるはずがない！　そう思われますか？　かつての僕も、もちろんそうでした。

公務員だったときに、『アウト・オン・ア・リム』という本を夫婦で共訳したと書きましたが、その翻訳が終わって、赴任先のアメリカから日本に帰る直前、なんとびっくりすることに、『アウト・オン・ア・リム』に書かれていることと同じことが私たち夫婦に起こったのです。

『アウト・オン・ア・リム』は、オスカー俳優のシャーリー・マクレーンがスピリチュアルに目覚めてゆく様をつづった自伝的な本で、彼女に起こったさまざまな神秘体験が書かれています。その一つが、チャネラーを通して精霊と会話することです。

そういうことはシャーリー・マクレーンのような特別な人に起こることであって、まさか自分たちにも同じことが起こるとは想像もしなかったのですが、私たちのところにも精霊が出てきたのです。前述のリア・バイアースというチャネラーを通して、サン・ジェルマンという精霊からメッセージを受け取りました。

「人間の意識が変わらないと、地球の未来はない」

「この本はすごく大切な本だから、あなたたちに訳してもらったのだよ」

「あなたたちも、人々の意識を変えるために、働いてくれませんか？」
とサン・ジェルマンは言ったのでした。

それから、私たち夫婦の人生はすっかり変わってしまいました。人生の目的、自分の使命がわかって、私たちはわくわくしながら、人々の意識を変えるお手伝いをするのだ、宇宙の計画の一部に参加するのだと思い、見えない世界に足を踏み入れたような感じがしたのです。

使命がわかると、体の中からエネルギーが湧き出すような喜びを感じました。

帰国してしばらくしてから、リア・バイアースを日本に呼んだのですが、妻は彼女のお世話をしているうちに、精霊と会話ができるようになりました。神や霊との対話をチャネリングといいますが、妻はペンを持てば自動的に手が動いて書く、自動書記という形でそれができるようになったのでした。

僕の父が亡くなって1年くらいして、妻がチャネリングで、父から僕へのメッセージを受け取ったことがあります。

「お前を指導してくれるしっかりした人たちがいるようで、お前の人生はもう大丈夫だから、困っているほかの人たちのところに行くよ」と父は言ってきました。

30代のころ、僕は父にハガキをよく送っていました。ハガキをたくさん買って、絵を描いて、毎日日記のようにいろいろなことを報告していたのでした。僕はただ好きでやっていたのですが、父はとても喜んでくれて、しばらく手紙のやりとりが続いていました。

そんな父と、亡くなってからも会話ができたことは、とてもありがたかったです。

亡くなった人の声を聞きたくなったら、もしくは何か相談したくなったら、ぜひノートを出して問いかける質問などを書いてみてください。そのあとに、ふと頭に浮かんだことを文字にしてみたら、それは亡き人からのメッセージかもしれません。

大切なのは、会えない、話せないと悲しみに打ちひしがれている場所から、故人と会話をしてみるというアクションを起こすことです。亡くなった人もあなたのそのアクションにきっと応えてくれると僕は信じています。

今は多くの人が、チャネリングができる時代になっています。ニール・ドナルド・ウォルシュさんの『神との対話』シリーズ（サンマーク出版）はとてもよい本です。おすすめです。


前述の堀江さんは、「兄を亡くしてしばらくの間、ずいぶんと落ち込んでいたのですが、あちらから通信してくるのはわかりました」と言っています。

当時はガラケーの時代で、着信があると光るタイプのものだったのですが、「光るんですよ。それで見ると、兄の携帯番号が表示されていました」と堀江さん。この現象は何回かあって、彼女が落ち込んだときに限って光ったと言います。

堀江さんが携帯をスマホに変えてからは、そういうことが一切なくなったそうで、お兄さんの友人たちは、「アイツはアナログな人間だったから、スマホでは無理なんだ」などと言っている、と堀江さんも今では笑って話せるようになりました。

お兄さんのほうも、妹さんとの対話を求めていると僕には感じられます。なので、堀江さんにもぜひチャネリングをやってほしいですね。練習すると、用意のできた人は必ずできると思います。

みなさんもぜひペンを持って、質問や声かけをしてみてください。「お元気ですか?」と書くだけでよいのです。自分のなかから、大切な人の声が聞こえてくるはずです。

みんなチャネラーなのです

亜希子

私はシャーリー・マクレーンの『アウト・オン・ア・リム』を読んだとき、それまで知らなかった輪廻転生や宇宙人の話、神様の話やチャネリングの話など、すべて真実だと思いました。そしてこのようなことこそ、自分がずっと知りたかったことだ、そして実は自分が知っていることだ、と思いました。
わくわくドキドキしたそのときのことを、今でもよく覚えています。世界が大きく広がったのでした。

夫がこの本を訳したいと言い出したときはまさかと思ったのですが、1か月も経たないうちに本当に翻訳して日本で出版できることになると、夫に「私に後半を訳させて」と図々《ずうずう》しくお願いしたのでした。
幸い、後半の宇宙人が出てきたり幽体離脱したりする話を、夫はうさんくさい話だと思っていたようで、「いいよ、翻訳して」と言ってくれました。こうして、私はめでたく翻訳の仕事につくことができた、というわけです。

そして翻訳作業が全部終わってしばらくした頃、私たちはリア・バイアースと出会いました。最初は夫が彼女に会って、自分の過去生や人間の意識改革の必要性、これからの世界の変化などを聞いてきました。その話を聞いて、私はすぐに「きっとその話は本当だと思う」と言ったのを覚えています。何かがパチッとはまった、という感じでした。

そして、突然、自分たちが住む世界が大きく広がり、以前とは違う意識状態になったのです。いわば、4次元に足を踏み入れたような感じでした。

その後すぐに日本に帰国しました。そのとき、夫の父は危篤状態だったのですが、私たちは成田から豊川に直行して意識のない義父を見舞いました。夫が「お父さん、帰ってきたよ」と言って頬を寄せると、意識のないはずの義父がにっこりしたのです。義父は待ってくれていたのですね。そして、翌日に亡くなりました。

その年の暮れに、リア・バイアースが来日し、私は彼女の案内係と通訳としてずっと一緒に過ごしていたのですが、ある日突然、「これからあなたも、チャネリングができるようになる」と言われました。

そして本当に、自動書記でサン・ジェルマンからのメッセージがやってくるようになったのでした。さらにその後、聖フランシスコやイエス様からチャネリングで教えを受けるようになっていったのです。

リア・バイアースのチャネリングを通してサン・ジェルマンに出会ってから、

自分が異次元の世界に入ってしまったようで、こちら側の世界に肉体をもった自分がいて、自分の本体の部分は、見えない世界と呼ばれているところに半分くらいあるような感覚でした。

そうなったとたん、おもしろいことが起こってきました。仲のよい友達がいきなり、「実は、私は臨死体験をしているの。お産のときに死にかけて、向こう側の世界に行って、とても気持ちがいいなと思っていたら、ものすごく美しい顔をした人が現れて、『お前はまだやることがあるから、帰れ』と厳しく言われたの。それで、帰ってきたのよ」などと話をしてくれました。

それから、臨死体験の話をいろいろな人がしてくれるようになりました。特に弟が20歳のときに体験した幽体離脱の話をしてくれたのには、びっくりでした。だって、そんなこと、それまで一言も話してくれなかったのですから。

自分が少しでも覚醒すると、もうすでにそういう体験のある人がそれを感知して、それまで秘密にしていた話をしてくれるのでしょうね。

チャネリングを始めた頃、「守護霊は誰ですか」と精霊のサン・ジェルマンに聞いたことがありました。私の場合は、お母さんのお母さん、つまり私の母方の祖母です。母が7歳のときに、彼女は亡くなりました。

精霊が言うには、「あなたをいつも守っているので、お礼をしなさい」とのこと。お礼の仕方はお墓参りをするのかと思ったら、「お母さんに優しくしなさい」でした。私は、母に優しくするだけではなく、「まわりの人全部に優しくしなさい」と言外に言っているように感じました。

「そうすると、守護霊のおばあちゃんは、あなたのことを今までよりずっと守りやすくなります」と精霊は教えてくれましたが、これは多分本当だと思いました。

もう一つ、母が危機に陥ると、私がそばにいることがそれまでも何回もありました。ずっと前のことですが、母が肺気胸を起こして呼吸困難になりました。そのときは私が一緒にいて、救急車に来てもらって、なんとか一命を取りとめています。

祖母は私を守っているだけでなく、私を使って自分の娘を守っていたに違いありません。今は祖母と母と二人で、向こう側の世界から私を一生懸命守ってくれていると思います。本当に感謝しています。

そして、「まわりの人に親切にしてね。そうすれば、私たちはあなたを守りやすくなるからね」、と私に伝えているような気がします。

私たちはみな、見えない世界から教えられたり守られたりしていると思います。そして、私たちが人に親切に優しく接していると、目に見えない存在も私たちを喜び勇んで応援してくれるのでしょう。もちろん、愛にあふれた人は波動がよいからよいことしか起こらない、ということもあります。

でも、それに加えて、指導霊や守護霊が存在していて、私たちを守り、指導してくださっているというのは、この40年間の私の実体験であり、実感なのです。

その頃の私は、毎日ノートに向かい、自動書記でサン・ジェルマンやイエス様から素晴らしいメッセージをもらっていました。愛とはなにか、エゴとは何か、などなど、それは奥深い宇宙の真理のような教えでした。

こんな素晴らしいメッセージを受け取るのは私が初めてだろうと思っていると、ふと開いた本のページにそれと同じメッセージが書いてありました。その頃は、『シルバー・バーチの霊訓』をよく読んでいました。彼らの本は、「降りてきているメッセージは、「間違いではない」と、私に教えてくれたのです。

当時はスピリチュアルな本がほとんどなく、私たちを急いで教育するために、イエス様が自ら家庭教師のようになって教えてくれていたのだと思います。

チャネリングは誰でもできることだと思います。というよりも、実は、誰もが実際に行っているのでしょう。たとえば、お料理でもアイディアがふと浮かんで出てくることがありますよね。吉度さんが専門としている野草だって、「これ、食べられるかな？」と彼女が思うと、どこからか「大丈夫」とか「やめなさい」とか情報がやってくるのかもしれませんね。

特に、子育て中のお母さんは、みんなチャネリングしていますね。そうでなければ、とても子どもを育てられないと思います。本人たちは自分で考えて、自分でやっていると思っていますが、日々直感で対応することも多くて、それはチャネリングで情報をもらっているのだと思います。

昔はそういう直感や知恵みたいなものが大事にされていましたが、今は科学的なエビデンスがないものは信用できないと思い込まされているので、多くの人がそういう能力を閉ざしているのではないでしょうか？

「人間とは何か」「人間はどう生きるべきか」「宇宙とは一体何か」「愛とは何か」「自分とは何か」。今は、そういう真理をみんなに解き明かさなければならないときだと思います。預言者・心霊診断家のエドガー・ケイシーのような人たちだけではなく、ありとあらゆる人がそういう真理を自分で受け取れるようにならなければならない時代が来ていると、私は感じています。そして、そのような力を開花させた人もどんどん増えています。

チャネリングとは、歌を歌うこととよく似ています。どんな人も歌は歌えますね。でも、とても人には聞かせられないという人もいれば、世界の大歌手になる人もいます。素人だけど、カラオケで歌うのがすごくうまい人もいますね。チャネラーもそれと同じで、誰もがチャネリングはできるのですが、世界のこと、宇宙のことについてメッセージを伝えるような優秀なチャネラーもいれば、自分のためだけにメッセージを受け取る人もいます。私の場合はカラオケ名人ぐらいかな。その人の役割によってレベルはいろいろですが、誰もがチャネラーなのだと思います。

チャネラーも時代に応じてそのときに必要な情報を伝える人が出てきます。たとえば、パナソニックの創業者の松下幸之助さんや、ホンダの創業者の本田宗一郎さん、ソニーの創業者の一人である盛田昭夫さんといった、戦前から戦後にかけての企業家は、みな優れたチャネラーだったと私は思っています。

この人たちは日本の経済復興のために必要な物作りの情報を、正確に、迅速に宇宙から受け取り、それをそのまま実行に移したのですよね。

そして今は、人類が本当の自分に気づくために欠かせない、スピリチュアルなメッセージや、地球を癒す方法などを受け取る人たちが、最も必要とされている時代なのです。

亡くなった人と対話をしてみるのは、閉ざしてしまっているチャネリング能力を開くきっかけになると思います。うまく歌える人も歌えない人もいるかもしれませんが、まずは歌ってみること。それと同じです。

まずはノートを開いて、ペンを持ってみてください。今日あったことを書いてから、「あなたは元気?」なんて質問すると、もしかしたら答えが返ってくるかもしれません。自分の頭のなかで想像した言葉かもしれませんが、もし、その答えが生前の彼または彼女の雰囲気をもっていたら、多分、その人からの返事なのでしょう。

私の場合、頭のなかで亡くなった人に質問して、答えを受け取るということを始終やっていた時期がありました。自分一人で一問一答をしていたのです。亡くなった人とでなくて、憧れの人とやっていたこともあります。

今のようにインターネットが発達していると、すぐに誰とでも対話できますが、ちょっと前まではこの頭のなかの対話がなかなか楽しかったものです。これは、私がチャネラーになる練習だったのかもしれません。本当はセルフトークかもしれないけど、でもこの答えは、彼が言ったような気がする……。そんな感じで楽しんでいたのです。これも、ぜひやってみてくださいね。

あなたが困っているとき、悩んでいるとき、寂しいとき、亡くなった人と話をしたいとき、ノートに向かってください。するとあなたのペンが勝手に動いて、そのときに必要なメッセージを受け取ることができるかもしれません。

亡き人との対話は、あなたを癒し、励まし、元気づけてくれますよ。

PART 3

大切な存在を亡くしたあなたへ

パートナーを亡くしたあなたへ

今もあなたを助けてくれています

紘矢

この広い世界の中で出会って、夫婦となる……。その出会いに偶然はないと思います。魂の約束で出会っているのですから。そして、どちらが先に逝くかも、約束してきていて、避けられないことなのです。でも、僕たちは魂の約束を忘れているので、パートナーの死は多くの人たちにとって、大きなショックになることが多いと思います。

僕たちは結婚して55年くらい経ちますが、まだ2人で元気で生活しています。

だから、本当にはその悲しみやショックはどれほどか、わかりません。同世代の友人には伴侶を失った人がたくさんいますが、一人になっても自立して楽しく生きている人も多いです。

でも、相手がいなければ生きていけないという、共依存ぎみな夫婦が多いと思うので、実際には、夫あるいは妻が目の前からいなくなったときのショックは大きく、その後の生活を立て直せずに、そこから這《は》いあがれない人もいるでしょう。

ですが、沈んでばかりいると、いいことを引き寄せられません。明るく生きていればこそ、またいいこともやってきます。それに、あまり辛そうにしていると、亡くなった人が上から見て、きっと心配するでしょう。彼らは魂となって、あなたを見守っていますし、今も助けてくれているのですから、安心して自立の道を歩いていってほしいと思います。亡くなったパートナーは、あなたが幸せに楽しく生きることを望んでいるのです。

夫を亡くした女性の場合、1年くらいは、辛い、辛いと言っていますが、そこから立ち直ったときにとても力強くなって、前よりも元気になっている姿を見せてくれることが多いですね。

反対に、妻を亡くして落ち込む男性が多いと言われていますが、年配の男性は家のことを妻まかせにしていることが多く、一人になって生活面で大変な思いをしたり、楽しみ方を知らなかったりするからかもしれません。奥さんを亡くす前から、家事を少しずつ覚えておくことも大切ですね。

新しいパートナーを見つける人だっているかもしれませんが、人から何か言われるかもと、気にしている人がいます。でも、そういう人に出会ったならば、世間体などあまり考えないで、仲よくしていっていいと、僕は思います。もっとおおらかになったらいいのですよ。

一人でいるのもいいし、自然体でいけばいいと思います。今度は一人でどういうふうに楽しく生きられるかを、考えて生きていけばいいのです。相手を亡くした直後は難しいかもしれないですが、少し落ち着いたらそう考えて、楽しく生活していけばいいですね。

毎日、感謝、感謝で暮らしていけば、きっと楽しく生きていけますよ。相手が亡くなったときも、「ありがとう」と言えるのが一番いいです。

そして、やはりおすすめは、亡くなったパートナーとの対話です。ノートを広げて、ペンを持って、これまでのように声をかけてみてください。チャネリングでなくても、セルフトークでもいいですから。悩み事があったら、打ち明ければ、以前と同じようにアドバイスしてくれますよ。

いつまでも辛くてたまらない人は、PART2で書いたように、自分ができることに打ち込むことですね。一生懸命自分の好きなことをやっていれば、パートナーを亡くしたという自分を、その間忘れることができます。

思いきって、旅に出るのもいいでしょう。知り合いのなかには、ピースボートに乗った人もいます。世界一周クルーズです。

何も考えず、とにかく眠ってしまうのも、一つの手ですね。

どんな方法でもよいので、なんとか辛い時期をやりすごしてください。パートナーは、魂となって今も生きているのですから、死んでも大丈夫なのです。そう思って、あちらの世界で再会できる日を楽しみにして、日々を楽しんで暮らしていってくださいね。

「人は死なない」という感覚がショックをやわらげます

亜希子

伴侶となるパートナーとの出会いは、魂同士の出会いだと思います。少し前までは、釣書《つりがき》といって、お見合いのときに自己紹介の書面を用意して、お互い学歴や家柄などを気にしていたけれど、最近はもっと自由になってきていますよね。結婚しない人も多くなっていますし。

私たちが若かった頃は、お見合い結婚をお世話してくれる仲人さんがたくさんいました。「あなたはお見合い？　それとも恋愛結婚？」なんてよく聞かれたものです。今は誰もが自分で相手を見つけなければならないから、結婚するのは昔より難しそうです。だから結婚相手を見つけると、本当に魂の相手に出会ってしまったという感覚になる人が多いのかもしれません。

私たちはブライアン・ワイスの『魂の伴侶』（ＰＨＰ研究所）という本を訳しています。人にはソウルメイトという特別に親しい関係にある魂が存在するのですが、そのソウルメイト同士が結婚して幸せになる、という物語の本です。その後、ソウルメイトと結婚したい、結婚しなければならないと思う人がいっぱい現れたものです。ただ、ソウルメイト同士でも必ず幸せになるとは限らないように思います。

実は私たちの人生の目的の一つは、人間的に成長することであり、結婚相手はその成長を助けてくれるありがたい存在なのです。時には離婚や死別というきつい試練を与えて、私たちの成長を助けてくれる、ということもあるのですね。

それに、実はどんな結婚でもソウルメイト同士、またはとても近い魂同士の結婚なのです。そうでなければ、多分、結婚に至らないでしょうから。結婚に至るプロセスは昔のお見合いも、今のお見合いアプリによるものでも、結局は魂のときに結婚を約束した相手と出会うプロセスの違いなのでしょう。

私は幸いまだ夫が元気ですが、時々「夫が留守だと、ほっとするのよね」と友人に話すと、なかにはご主人を亡くされた人もいて、「いつもご主人がいるから、そんなことを言えるのよ」と言われます。

「夫が海外に2か月も行っていて、うれしいな」と言ったときには、「それは、帰ってくるのがわかっているから、そんなこと言えるのよ」とみんなに言われました。確かに、そういうものだと思います。二度と帰ってこなくなるのが、相手を亡くすということですものね。

毎朝、ラジオ体操を一緒にやっている仲間がいるのですが、私たちのように夫婦そろって出てくる人はとても少ないです。みんな、パートナーに先立たれているのです。

年齢的なことで言えば、80代の私たちくらいになると、もう先が見えていて、どちらかが先に逝くということがわかっています。そういう意味では、突然その日が来ても、覚悟ができていると思います。吉度さんのように、まだ若いときに思いがけず相手が急に逝ってしまったというのとは違って、ある程度覚悟ができていますから、そこまでショックではないかもしれません。そうなってみなければ、わからないですが。

ただ、PART1で書いた「人は死なない」という感覚を持ち合わせていれば、相手に逝かれても、大きなショックを受けないで済むのではないかと思っています。

そうは言っても、ずっと一緒にいる人が目の前からいなくなり、いつも「ごはんよ」と言っていたのが、急に必要なくなったりすれば、折々に寂しさを感じるのでしょうね。毎日、何気ないことを思い出して。

今、そういう立場にいる人がいたら、「寂しいよね。今は悲しんでいようね」と言ってあげることしかできません。紘矢さんも書いていますが、その寂しい、悲しい気持ちを紛らわすために旅行する人もいて、それはとてもおすすめです。亡くなった人が存在していた場を離れるだけで、どれほど楽になるでしょうか。美しい景色やおいしいお料理、気持ちのよい温泉なども、あなたをきっと癒してくれるでしょう。


60歳くらいの、とてもかわいらしいAさんという知り合いがいます。あるとき、しばらくぶりに、朝日カルチャーセンターの講演会に来てくれました。そのとき、ご主人が余命いくばくもないと言って、ひどく辛そうでした。本当にお気の毒で、なんとか少しでも気持ちが楽になるといいなと思って、いろいろお話をして別れたのですが、ほどなくご主人は亡くなりました。

その後、1年経った頃に彼女に会ったのですが、すっかり元気になっていました。多分、ご主人が逝ってしまう前に、しっかりと心の準備ができていたのでしょう。亡くなるということにきちんと向き合い、死にゆく人と自分と対面したのだと思います。

何よりも自分の悲しみをご主人が亡くなる前からしっかり味わい、友人たちに伝えていたのがよかったのかなあ、と思いました。ご主人が亡くなってからもとても辛い時期があったのでしょうが、比較的短い間に元気になった様子を見て、本当にうれしかったです。

一方、奥さまを亡くして10年経っても嘆いていた友人もいます。本当にかわいくて素敵な奥さまでしたから、無理もありません。まだ奥さまのことがあきらめきれずにいるようですが、今はとても元気。お孫さんたちもかわいい盛りで、「あなたが一番幸せですよ」と、まわりにいる私たち友達からあまりにも言われるので、やっと最近自分の幸せを認めたようです。

また吉度さんの話になりますが、彼女も、まわりからは元気そうに見えるようになっても、本当はいつまでもご主人が亡くなったことを嘆いていたそうです。けれど、2回目の命日の頃、ふと気がついたと言います。「愛し愛される人と出会えたことは、幸せなことなんだ」と。そう気がついて、彼に出会ったことに心から感謝したら、とても気持ちが楽になったそうです。

相手が亡くなったときにもありがとうだと、夫が書いていますが、亡くなったパートナーには、たくさんのありがとうを言いましょう。感謝できることをどんどん思い出してください。

出会ってくれたことに、ありがとう。そして、人生を共に歩んでくれたことに、ありがとう。困難なことに一緒に立ち向かってくれたことに、ありがとう。最後まで家族を心配してくれたことに、ありがとう、なにより、いつも私を支えてくれてありがとう……。

思いつくことをあげながら、ありがとうと口に出して言ったり、書いたりしてみてください。そのときにあふれる涙は、もう悲しみの涙ではなくなっているはずです。

親を亡くしたあなたへ

親の死は子を大きく成長させます

紘矢

私たちは魂のときに、親を選んでこの世界にやってくると言われています。最近は「親ガチャに外れた」なんて言う子どもがいますが、この世に産んでもらうのはなかなか大変なんだそうです。

向こう側には地球に生まれたい魂がいっぱいいて、くじ運がよくないと生まれてくることができないようですから。魂が親に頼んで、この世に生を受けさせてもらったということらしいのです。本当のところはわかりませんが。

親を選んで生まれてくると初めて聞いたときには、「本当に、そんなことあるの？」とびっくりしました。30年前、アメリカに住んでいたときに受けたスピリチュアルなセミナーの先生に、質問している人がいました。「親を選んで生まれてくると言われていますけれど、本当ですか？　私は親を選んだ覚えがないです」というような質問でした。

本当はどうなのかわかりませんが、親を選んで生まれてくるという考え方が、日本でも最近、だんだんと広まってきているような気がします。

特に最近は生まれたときのことを覚えている子どもたちが増えていて、生まれてくる前、「天国にいて生まれる順番を待っていた」なんて話しています。また、「お母さんを僕が選んだ理由は、お母さんがとても優しそうだったから」なんて言う子どももいるようです。産婦人科医の池川明先生の本を読むと、そんなお話がいっぱい書いてあって楽しいですよ。

僕は、親を大切にしなければいけないと思っています。産んでくれたのですから。

今、親が存命で、親との関係が悪い人がいたら、生きているうちにその関係を見直してほしいですね。それは自分を見直すことになるのです。親との関係を修復すれば、自分の人生が一段とよくなっていきます。

そういう僕も、「どうして産んだんだ、頼んだ覚えはない」なんて親に反抗していたときがあります。若いときには、親に反発することも大切です。親の古い観念やうるさい小言に反発するのは、自立のプロセスで必要なことだからです。でも、感情的なこじれや憎しみなどがある場合は、自分自身を見つめて、「この世に産んでいただき、ありがとうございます」と言えるような関係を作ったほうがいいですね。

親は先に生まれているのですから、いつか親を亡くさなければならない時が来ます。だから親がいなくなる前に、親との関係をよくし、感謝できるようになることが必要です。

僕の場合、父親はいろいろ期待してくれていたけれど、僕が本を出す前に亡くなってしまい、とても残念でした。僕が本を出したと知ったら、父はとても喜んでくれたのではないかと思います。まあ、向こうの世界からはすべて見えるのでしょうから、きっと喜んでいるに違いありませんが。

父は農業高校の先生だったのですが、植物がとても好きで、樹木の名前はほとんど知っている人でした。父と一緒に散歩したときは、僕にいろいろな植物の名前を教えてくれましたが、僕は上の空でした。もっと真面目に聞いていたらよかったです。

子どもの頃から父と一緒に花を植えたり、動物を飼ったり、種まきをしたりしました。今の僕が、畑仕事や花作りが得意で大好きなのも、父のお陰です。ほかにも、父からもらったものは多かったですね。

父は79歳で亡くなりましたが、「すごくいい人生だった」「満足だった」と言って旅立って行きました。僕は父の死の前に会うことができ、「ありがとう」と十分に言ってお別れができてよかったです。

100歳で亡くなった母の人生は、苦労が多かったと思います。戦争中と戦後の物がないときに7人の子どもを食べさせるのは、さぞかし大変な仕事だったでしょう。

母は長らく患うことはなくて、ずっと元気だったのですが、70代のときに胆石で少し調子を崩しました。それで、フィリピンのアレックス・オルビートというヒーラーに、東京で心霊治療をしてもらうことにしました。体の中に手を入れて悪いものを出す手術のようなことをする治療なのですが、体の中に本当に手が入っていくのです！　母はその治療をやってもらったら、体調がよくなりました。不思議な体験でしたね。

ただ、あとで病院に行って調べたところ、胆石は残っていました。でも胆石の場所がずれて痛みがなくなり、楽になったようです。そのあと、とても元気になりました。

母は大変教育熱心な人だったので、兄弟みんなよい人生を送っています。東京大学に僕が行ったことにも、満足してくれたと思います。晩年は孫たちに囲まれて、幸福な素晴らしい人生だったでしょう。「ありがとう。ありがとう」と言って亡くなりました。

親とよく話をする関係でいることは大事ですね。僕は幸いにして父とも母ともよい関係でしたが、反発した関係のままだと亡くなったときに、やはりいろいろと悔いが残りますよね。

あるワークで、親に対して言えずにいた「ばかやろう」をみんなの前で叫んだら、すごく変わったという人がいます。一種のショック療法ですね。親に言うのでなく、知らない人の前でやればいいのです。自分のなかにある憎しみや抑圧された思いを、ただ解放してあげればいいだけです。すると、親に対する気持ちがすっかり変わります。そしてよい関係でいることができるのです。

親に対して怒りや憎しみの感情をもつのは、よくあることです。親は子どものためによかれと思ったことを愛情いっぱいでやってくれるのですが、子どもは親のやり方が迷惑であるということもあるからです。それで、親に対して怒りをもってしまう。

ひどい場合には、子どもを虐待したり、きちんと世話をしなかったりする親もいますね。そんなときは、怒りや恨みをもっても当然ですが、親が自分を虐待するのは、自分が悪いからだ、と思い込む子どももいるそうです。ここまで来ると、専門家の助けが必要なのかもしれません。

親に対して怒りや憎しみを感じていたら、それを解放すればよいだけです。みんなの前でやると効果があるのでしょうが、海に向かって叫んだり、新聞紙をまるめて床を叩《たた》いたりするのもいいです。押入れの中でやっても、悪くはないかもしれません。

うわーっと泣いたり、怒りにまかせて畳を叩いたりすると、解放できるのです。アメリカでセミナーを受けたとき、椅子を力まかせに叩いて壊した参加者がいて、驚きました。

親子関係が悪いとは思っていなかったけれど、実は親に支配されていてそれに気づかない人は、意外と多いと思います。親が亡くなったときは、解放のときですね。そのときに親に支配されていた自分に気がつけば、「もう自由に生きてもいいんだ」と思うでしょうし、自分が本当は何をやりたかったのかを改めて見つめることができるでしょう。

親との関係が良好であってもそうでなくても、親が死んだときには誰でも大きなショックを受けます。そこで自分をよく見る機会、そして親との関係を見る機会を与えられたと気づくでしょう。そう思って、このチャンスを生かすといいですね。意識的にやらなくても、自然にそうしている人が多いと思います。

気の毒なのは、小さいときに親を亡くす人ですが、早くに親を亡くすと子どもはそこで大きく成長します。苦労はさせられるけれど、大変なときにそこを乗り越えて、急速に大人になります。

「艱難汝《かんなんなんじ》を玉にす」とは、多くの困難を乗り越えてこそ、立派な人になるという意味のことわざですが、これは絶対にあると思っています。その苦難も、魂の約束があったのでしょう。あとから考えれば、親の死は子を大きく成長させるためのギフトだったとわかるかもしれません。


亡くなった親が恋しいときは、やはりチャネリングで会話することをおすすめします。親が見守ってくれていることも、対話のなかでわかるでしょう。

だから、その存在にこちらから働きかけていいのです。生きているときに言えなかった「ありがとう」や「ごめんなさい」も、ぜひ言ってあげてください。

長寿なら「亡くなっておめでとう」ですね

亜希子

我が家は4人きょうだいで、私は3人目の女の子でした。私が生まれたのは戦争中で、兵隊さんになれる男の子だけが大切にされていた時代でした。どこのお家も男の子が欲しいときに、私は姉2人のあとにまたもや生まれた女の子でした。だから、「あなたが生まれたとき、『また女の子か、こんな子はいらない』って、みんなが言ったのよ」と、ずっと母から聞いて育ちました。そのために、自分のことをいらない存在だと無意識に思い込んでいました。

学校でも4年生までは目立たない、成績の悪い子どもでした。先生に叱られることはあっても、ほめられることはありませんでした。

ところが4年生の3学期に、担任の先生に思わぬことでほめられたのをきっかけに、急に優等生になったのです。人からほめられると生きやすい、ということを覚えてしまったのですね。それからは、人にどう評価されるかをいつも気にする人生になりました。

人がよく評価してくれると、自分はそれなりの価値があるのだ、と思えたのです。反対に悪く評価されると、自分は価値がない人間なんだ、と思ってしまうのでした。だから私は勉強をしっかりして、クラスのトップになり、しかも校則を真面目に守って、みんなの模範になるようなおもしろみのない子どもになっていったのでした。

母は、「こんな子はいらないと、みんなが言ったのよ」と言うときに、いつも、「でも、私はあなたを産んだから、あなたを愛しているわよ」と付け加えていました。しかし、幼い私はその言葉を、「お母さんの愛を失ったら、自分は生きていけない」と心に刻み込んでしまったのだと思います。そしてその愛を失わないように、母に絶対に反抗しない人生を送ってきました。母が気に入らないことは、自分がやりたいことでもがまんして、あきらめていました。母の言うなりだったのです。

母に一から十までコントロールされていることに気づいたのは、54歳のときでした。コントロールされているといっても、母が悪いのではなくて、私が勝手に支配されていたのです。54歳にもなってそこからやっと抜け出せたとき、母との関係はずっとよくなりました。母にとても優しくなりました。母をそのまま受け入れることもできるようになりました。

そして、母が亡くなるまでの間、とてもよい関係が続きました。もう、2人の間には愛しかなかった、なんて。

父とはごく普通の親子関係だったと思います。一度だけ、父に反抗してしばらく口をきかなかったことがありましたが、それもすぐに終わったような気がします。父はとても子煩悩で、私たちをかわいがってくれました。子どもの頃の父の思い出というと、一緒にキャッチボールをしたこと、お正月にはいつも火鉢の前に陣取ってお餅を焼いてくれたこと、栗の季節には、せっせと栗をむいて子どもたちに分配してくれたこと、そんなことばかり思い出します。

父は、晩年舌がんになって、自宅で療養していたのですが、最後の6か月だけ入院しました。亡くなるまで3か月ほど、姉たちと弟の4人で病室の父に交代で付き添っていたのですが、私の当番の日には、5時間ほど父と2人きりになる時間がもてました。

その頃の父はまだ動くことができて、ベッドにずっと寝ていると飽きてしまうので、1時間ごとに、「ソファに座らせてくれ」と言いました。それで肩を貸して父の体を起こして、すぐそばのソファに連れていき、「ベッドに戻りたい」と言えば、また抱えるようにしてベッドに寝かせていました。

父を抱きかかえて移動させるのは、正直最初のうちはめんどうだなあ、と思っていました。でもすぐに、「こんなにありがたいことはない」と思うようになりました。今まで手も握ったことがない父親を、こうやって抱き起こしてソファに移せることが、「本当にありがたい。私はものすごい宝物をいただいているのだ」、そんなふうに思えてきたのです。これが毎日だったら大変ですが、週に1回ぐらいだったので、そう思えたのかもしれません。

赤ちゃんの頃はともかく、父とはスキンシップはほとんどなかったので、このときは自然にスキンシップができてとてもうれしかったです。

その後、「『愛してる』って父に言ったことがない」「ハグしたこともなかった」ということに気がついて、誰もいないときにそっと父に、「愛しているよ」

と声に出して伝えました。そして、ベッドの上の父をグッとハグしました。

すでに父は話すことができず、意識も多少薄くなっていたからできたことだと思います。「愛している」と言うのは、とても恥ずかしくて、勇気がいりましたから。でも、父が亡くなる前に「愛している」と伝えられて、本当にうれしかったです。

だから、父が亡くなったときには、もうお別れが済んでいたという感じで、泣くこともありませんでした。「愛している」と言ってグッとハグしたことによって、父と完全につながり、同時にお別れができたのだと思います。今でも、とてもすっきりしています。


母は101歳まで生きて、最後の9年間は介護で姉が大変でした。私は月に1回のペースで会いに行っていたのですが、私のことも最後はわからなくなっていました。

その頃、紘矢さんの知り合いにOさんという素晴らしい方がいらっしゃいました。しばらくお体の調子がよくないとのことで、お目にかかれずにいました。

「まだ70歳だから、間もなく元気になるだろう。今はゆっくり養生してほしい」

と思っていました。

ある朝、私のタブレットが鳴りました（このタブレットに、電話は一度もかかってきたことがなかったのに）。1月3日か4日だったと思いますが、○さんからの電話でした。以前とお声がすっかり変わっていて、びっくりしました。「どこにいらっしゃるのですか？」とお聞きすると、「今、入院中です」とのことでした。慌ててそれから3回ほどお見舞いにうかがったのですが、1月23日にお亡くなりになりました。24日にお家までお別れに行ってから、その足で母のところに見舞いに行きました。

その日、母はいつもより元気で、私たち夫婦のことがわかったようでした。久しぶりに会った紘矢さんが歌を歌ってくれて、母はすごく喜んで手を動かしていました。今日はとても元気でよかったと思って、私たちは帰宅したのですが、家でごはんを食べていたときに、「今、息を引き取りました」と姉から知らせが来ました。すでに、何日もつか、とは聞いていたのでびっくりはしませんでしたが、いよいよその日になった、という思いでした。

すぐ私一人電車で姉の家に向かったのですが、電車の中で、私は亡くなったばかりの○さんと、頭のなかで会話を始めました。

「Oさん、ありがとうございました。私の母も一緒に連れていってくださったのですね」

するとOさんが答えてくれました。

「その通りですよ。お母さんも、今そばに座っていますよ。私と一緒にいますよ」

友達の整体師さんの話では、亡くなるときにも力というか、エネルギーが必要なのだそうです。母はあまりにも弱ってしまって、自分の力だけでは向こう側に行くのはちょっと難しかったので、Oさんが助けてくださったのだと思いました。医学的に見たら、そんなばかな、という話ではありますが。

そのように母は逝ったのですが、葬儀の段取りも何もかも、奇跡的にうまくいって、あっという間にお葬式が済みました。「101歳だから、お祝いよね」と姉妹で言い合いました。私もすでに80歳、いつ向こう側に逝っても、お祝いですよね。

母はよく長生きしてくれたものです。最後は、本人も生きているのが辛かったと思います。そこから解放されて、今は軽やかに自由を楽しんでいると思います。

「親の死は子を大きく成長させるためのギフト」と、紘矢さんが書いています。子どもの場合、親を亡くすのはとても辛いけれど、確かにそういうことはあるかもしれません。

まりなちゃんという16歳の女の子が知り合いにいるのですが、彼女は3年前にお母さんを亡くしました。お母さんのひろみんには私もいろいろお世話になり、一緒にハワイに行ったこともありました。

ひろみんは胃がんだったのですが、一緒にあちこち行っていた頃は、とても元気でいつもニコニコして、楽しい女性でした。そして、サイキックな能力のあるまりなちゃんのために講演会を開いたり、自分の闘病記をブログに書いたりしていました。私は、彼女がそのまますっかり元気になるとばかり思っていました。

ところが、胃がんが再発して、数か月経って彼女は亡くなりました。亡くなる直前に、「もう疲れました。逝ってもいいですか」と私にメールが来て、そんなに悪かったのか！　とびっくりしました。そしてその後すぐに、訃報が届いたのでした。

彼女とは親しい間柄でしたが、お嬢さんのまりなちゃんとは会ったことがなく、どのように連絡を取ればいいのかもわかりませんでした。お母さんは亡くなったけれど、お父さんがいるから大丈夫、と思っていました。

お母さんが亡くなって2年後、私はまりなちゃんと会うことができました。そして、お母さんが亡くなってからの辛い2年間について、詳しく聞くことができたのでした。

その頃はまだ、まりなちゃんはお母さんの死から立ち直れていなかったのですが、その後いろいろな人の助けを借りて、どんどん元気を回復していきました。そして、同じ年の秋頃には、自分のサイキック能力を人のために役立てることにしたのです。

この辛い2年間で、彼女はすっかり大人になりました。自分のこともよくわかってきました。霊的なことも深く理解できています。そして、自分が学んだこと、自分に宇宙が伝えてくれることを、人々に伝えるための力も素晴らしくなっています。

お母さんの死はとても辛くて苦しいことではあったけれど、まりなちゃんにとっては大きなギフトでもあったのですね。そして素晴らしいことに、彼女は自分でそれを知っているのです！ まだ16歳なのに。

お母さんが今では向こう側から、彼女を応援しているのがよくわかります。多分、お母さんも自分がいなくなることによって、子どもたちがしっかりと成長するということを、よくわかっていたのでしょう。そして、お母さんとまりなちゃんは、まさに「魂の約束」を着々とやってきたのです。この文章を書いていると、ひろみんが私を応援しているのを強く感じます。

若くして親を亡くすのは、本当に辛くて大変なことだと思います。でもよくよくその後のことを見ていると、それが「魂の約束」であり、子どもたちへのギフトであることが多いように感じます。

親を亡くした子どもたちが、そのことに気づき、強く生きていってほしいと思います。

子どもを亡くしたあなたへ

子どもの死は親の人生を変えるために

紘矢

お子さんを亡くされた方は、本当にお気の毒です。僕たちには子どもがいないから、その悲しみは想像もできません。悲しむだけ悲しんでください、としか僕は言いようがないですね。

でも、お子さんは「魂の約束」であなたの元にやってきて、やはり約束通り去っていったのだと思います。

「どうして、一体なんのために、うちの子だけ逝かなければならなかったの?」

そう思われるのも当然ですが、お子さんには、親の人生を変えていくという役割があったのかもしれません。すぐには受け入れられないことかもしれませんが、何年かしたらわかると思います。あの子は私たちの成長のために、ここに来て、そして亡くなっていったのだと。命を懸けた大きな贈り物だったのだと。

親も子も、それだけの覚悟がある魂なのではないでしょうか。そういう契約をしてくるのですから、すごく勇気のある魂といいますか。不幸を背負って、そこから自分が目覚めていく道を、今回は自分で計画してきたということです。

魂がプログラムしてきたことをやっているうちに、だんだんと魂は成長していきます。だから人生には、その人に必要なことが起こってくるといいますか、必要なことしか起こらないのです。

子を亡くすことが必要なことだと言われたら、怒る人もいるかもしれませんが、自分が体験することは、みんな自分が作っているのです。

お子さんを亡くして、多くのことを考えたと思います。あのとき、ああすれば事故を防げたのではないか、こうすれば死なずに済んだのではないか、と自分を責めたくなる気持ちもわかりますが、それはしても仕方のないことですし、亡くなったお子さんも望んではいないでしょう。

お子さんの魂は、いつまでも嘆き悲しんでいる親の姿を見て、きっと心配しています。早く元気になってほしいと思っているはずです。

お子さんの死は、人間は魂だというスピリチュアルな考え方を学ぶ機会を与えてくれています。いつだって、お子さんの魂はあなたを見守ってくれているのです。

寂しいときは、チャネリングで、お子さんと対話をしてみたらいいですよ。ノートに書いてもいいし、頭のなかで話しかけてもいいです。いろいろと相談にのってくれるかもしれません。

魂の約束で、悲劇が起こっています

亜希子

私の友達でも、子どもを亡くした人がけっこういます。それは本当に辛いことですが、みんななんとか乗り越えていっています。そして、時間が経つごとに元気になっていっています。

お子さんを亡くした方の悲しみの深さは、体験のない私にはわかりようがありません。ただ、絶望的になったり悲しんだりしていても、いつか立ち直って、その後実り多い自分の人生を生きていく人がいるということは事実です。ということは、みんなそれができるのですよね。

「山より大きな猪は出ない」と言いますが、その人に乗り越えられない試練は来ないそうです。つまり、子どもを亡くした苦しみを乗り越えることができる人に、そのようなことが起こるということです。どんなに苦しくても悲しくても、そこから大きな学びを得て、自分の使命を知ったり、愛に満ちた生き方を見つけたりするのでしょう。

何回も言っているように、「すべては魂の約束」です。私たちは生まれてくる前に、関係のある人の魂と語り合って、どのようなことでお互いの成長を高めていくか、約束してくるのです。

「僕は子どものときに、お父さんとお母さんを残して死ぬけれど、それは二人を大きく成長させるために必要なことだからね」という感じかもしれません。

私たちは誰も覚えていないけれど、人生に起こるすべてのことは、全部魂が約束してきたことなのです。

私たちは、自分自身について考え、愛について学び、人として成長するために地球という星に生まれてきているのだから、「そのためには、なんでもやりますよ」と決めて約束してきています。だから、悲しいことや辛いことが起こるのです。

病気も死もそのために起こっていますし、異論はあるでしょうが、戦争だってそうかもしれません。その人が愛を学ぶのに一番ふさわしい形の悲劇や惨劇を決めてきているのです。

死や別れは人間関係で一番深刻な問題ですが、そこから人生について最も深く学べるからこそ、魂はそうした悲劇を使おうと決めてくるのでしょう。そしてそう決めたことは完全に忘れ去って、死や別れがやってくると、悲しみ嘆くのですよね。そしてその悲しみや嘆きを通して、自分自身を知り、人に対する優しさを学んでいくのでしょう。

そこを乗り越えた人は、本当に強く、優しい人になっている気がします。高校時代の友達と久しぶりに会って話したとき、彼女が普通の人と違う優しさをもっているのを感じたのですが、彼女は息子さんを5歳のときに白血病で亡くされていました。

お子さんの死が、彼女を人間的に大きく成長させ、深みを生み、人を思いやる優しい人に変容させたのだと思いました。

お嬢さんや息子さんが自死してしまった親の会があるのですが、そこに呼ばれたときに、何人かに頼まれて、チャネリングをしました。

チャネリングの内容は、誰の場合もほとんど同じでした。

「私は自分で選んでこちらに来たのだから、お母さんには責任はないですよ。お母さんは、お母さんの人生を幸せに生きてください」

どのような亡くなり方であっても、親より早く逝ってしまった子どもたちが向こう側の世界で思っていることは、遺された家族の幸せと健康だけなのだと思います。

兄弟、姉妹を亡くしたあなたへ

縁が強い魂が兄弟姉妹になります

紘矢

兄弟姉妹は子どもの頃はいつも一緒にいることが多いけれど、長じてからは離れて暮らす人がほとんどですから、亡くなったときに、一緒に暮らしていたかどうかでショックの度合いは違うでしょう。兄弟のなかにも、関係性の強い人と距離がある人がいるでしょうし、近くに暮らしている人と遠くに暮らしている人といます。

とはいえ、兄弟姉妹として生まれて、寝食をともにし、仲よく遊んだり、けんかしたりしながら育っていくことも、やはり魂が決めてきたのです。お別れするのも、魂の約束通りですよね。

前述の堀江さんは、4歳上のお兄さんを亡くされていますが、一緒に暮らしてはいなくても、とても仲がよくて、共通の友達と旅行に行ったりしていたので、お兄さんが亡くなったときには、それはそれは寂しい思いをされたそうです。

その話を聞いたとき、「こんなにかわいい妹さんがいたら、そりゃ、ちっちゃいときからずっとかわいがってきたでしょうに」と思いました。自慢のお兄さん、自慢の妹さんだったのでしょう、お互いに。携帯電話を使って、亡くなってからも通信してきたのも、納得できます。

吉度さんを僕たちに紹介してくれた「笑いヨガ」の先生の石井さんも、ご主人を早くに亡くされたのですが、彼女はさらにおもしろい電話関連の体験をされています。

ご主人が亡くなってすぐ、石井さんが火葬のことで隣の家に電話をしたら、その家の奥さんとは別の声の女の人が出たそうです。「Tさんですか？」と聞いたら、「いえ、違います。蒔田《まきた》です」と答えたので、「あ、すみません」と言って石井さんは電話を切ったそう。娘さんにそのことを話すと、「発信履歴で番号を見てみたら？」と。確認してみると、確かに隣の家の電話番号が表示されていました。

直接隣の家に行ってみたところ、「うちの電話、鳴っていませんよ」と言うではありませんか。それで、娘さんと、「きっと、お父さんのいたずらだね」と言っていたそうです。

翌々日、火葬場に行ってその日の予定が書かれた掲示板を見ると、5番目に「石井」、そして、なんと4番目に「蒔田」と書かれていたそうです。さらに火葬炉の前に行くと、石井さんの炉の隣が蒔田さんの炉だったのです。前々日、隣の家に電話したはずだったのに、隣の火葬炉のお宅に電話がつながっていたのでした。

石井さんは喪主なので、最初にお焼香をしなければなりませんでしたが、この電話事件がおかしくて、笑うのをがまんするのが大変だったそうです。プッとふき出したのを、泣くふりをしてごまかしたとか。事情がわかっている娘さんも笑いそうになるのを必死でがまんしてやりすごし、あとで二人でお手洗いで大笑いしたそうです。

その日は笑いヨガの定例会の日だったのを、葬儀のために中止にしていました。「本当はみんなで笑う日だったのに中止させてしまったので、笑わせてあげたいと思ったのでしょう」と石井さんは言います。「肉体がなくなる一番悲しい火葬というときに、笑わせてあげようと思ってくれたのだと思います」とも言っていました。さらに、新盆の食事会で予約したお店が、「穂《みのり》」という名前だったのも、「蒔田」とつながっていて、おもしろかったとのことです。確かに種蒔きして田に苗を植えると、穂が実りますよね。

このことがあって、石井さんは、「これからいろいろ、主人が楽しいことを起こしてくれる」と感じ、わくわくしたそうですが、その後もご主人からさまざまなサインを受け取り、おもしろいことがたくさん起こったとのことです。

しばらくしてそのエピソードを伝えるお話会がありました。「死んで終わりじゃない」ということを、みんなに伝えたいと思って開いた会だそうです。そのお話会に亜希子と二人で参加しましたが、本当に「人は死なない」ということに確信をもたせてくれる楽しい会でした。

「人は死なない」と思うと客観的になれます

亜希子

私の場合は弟を亡くしていますが、その死が突然だったので、夢の中にいるような普通とは違う世界に、いきなり入ってしまった感覚だったことを覚えています。やはり、とても辛いことではありました。でも、すでにスピリチュアルな本の翻訳者になっていたので、輪廻転生や人は死なないことなど、知っていたので助かりました。そのために、父や母のときもそうでしたけれど、悲しみに暮れるということはなくて、かなり客観的に起こったことを見られるようになっていました。

身内のなかで一番先に亡くなったのが紘矢さんの父親ですが、私はすぐに、

「これからは、いつも一緒にいられる」と思って、うれしかったものです。なぜか、義父が大好きだったのです。いつも遠くに住んでいて、たまにしか会えずに残念だったので。

弟が亡くなったときも、父や母が亡くなったときも、同じでした。これからはずっと一緒にいられるのだな、という感覚だったのです。前述の石井さんも、ご主人とは亡くなってからのほうがラブラブだと言っていました。

仲のよかった兄弟や姉妹を亡くして悲しがっている人には、「これからは、いつも一緒にいられるのよ」と言ってあげたいです。亡くなった人はエネルギーになって、常にあなたのまわりにいるのです。そして、テレパシーやチャネリングで呼びかければ、応えてくれるでしょう。いつもあなたのことを見守って、あなたの幸せを祈っているのです。

友人を亡くしたあなたへ

友の死の体験で、今の友達をより大切に思うように

紘矢

友達にもいろいろあって、魂の友みたいな友人もいれば、日々身近にいて大切に思っている友人もいますね。

僕がスピリチュアルな方向に進んだときに、それが受け入れられなかったのか、今までの友達とは付き合いがなくなり、新しい友達ができ始めました。同じスピリチュアルな考え方をもつ多くの人と出会って、友達がかなりできました。

僕の場合は、年をとってからラジオ体操に行くようになり、毎日公園でラジオ体操をしてから散歩して、途中のコンビニでコーヒーを一緒に飲み、会話を交わす友達もできました。

この人たちはスピリチュアルにはまったく興味がないのですが、みんな80代、90代で、毎日会ってはLINEでもつながって、「生きている間においしいもの食べに行こう」とか、「映画にも行こう」とか、わいわい言い合って楽しく過ごしています。

今いる友人は、今生で初めて会ったわけでなくて、前世でも出会っていて、一緒にいたことがあると思います。ギリシャで一緒だったり、エジプトで一緒だったり、アメリカで一緒だったり。

僕の場合はラッキーなことに、亜希子がチャネリングができるようになったので、「この人とはどういう関係なのか」など見てもらうこともでき、「Sさんは、昔イギリスにいたときの幼なじみですね」なんて話もしています。

身近な友人については、「彼が亡くなったらどうしよう」などとちょっと心配もしていますが、もうみんな80代です。それも仕方ないし、みんなが、いずれ行く道ですよね。でも本当は死とは今の肉体を脱ぎ捨てるだけで、魂はそのまま生きていて、その後もあの世にいるのですよね。

そこは距離がありません。呼べばすぐ飛んできてくれるでしょう。

でも、友達が亡くなれば、もう体の形では存在しませんから、本当に寂しいです。ヨガを長く一緒にやっていた人で、旅行に出るときは僕たちの犬を預かってもらっていた、自分よりも若いIさんが亡くなったときは、あまりにも思いがけなくて、正直ショックでした。ずっと一緒にヨガを続けられると思い込んでいたのです。

そんな友達が亡くなったとき、僕は、「みんな逝く、自分もいつか逝く。人は輪廻転生を繰り返しているから、亡くなっても体が無くなっただけで、向こうの世界でもまた会えるし、もう一度一緒の時代に生まれてくるかもしれない」と思うようにしています。

だから、悲しいけれど、あまり深く落ち込むということはないですね。「もっと一緒に人生を共に過ごし、笑い合いたかった」という気持ちはありますが。

年齢的なこともあって、みんなどんどん亡くなっています。一人消え、二人消え……。でもそういう体験をしているからこそ、今ともに笑い合える友達を大切にしていきたいという気持ちが大きくなっています。友達との今を大切にしていけば、その人が亡くなっても、それを受け入れることができます。


学生時代の友達やアメリカに住んでいた頃の友達と、何年かぶりでＬＩＮＥでつながってやりとりを始めたりもしています。友達とは、「海を行くヨットが時として出会い、そしてそれぞれの目的地へと去って行くように、人生のなかで出会ってしばらく親しく付き合い、またお互いに別の道へと離れてゆくものだ」と、シャーリー・マクレーンも言っています。

友達はずっと続くこともあるけれど、生きていてもお互いに離れていくことも多いですよね。でも、「それはそれで、約束事だからよしとするか」という話ですね。

亡くなった友達が私の心のなかにいます

亜希子

友達はたくさん亡くしています。つい最近のことでいえば、紘矢さんが書いていたIさん。30年来の友達で、とてもお世話になっていました。私がめまいで倒れたときには、彼女が病院まで付き添ってくれました。我が家で生まれた犬も彼女にもらわれたので、ワンちゃんを通して親類でもありました。

彼女の口癖が、「年とってから、みんなで助け合わないと。そのための私たちよね」だったのに、77歳で逝ってしまったのです。去年の7月にヨガに来たとき、「肝臓の数値が悪かったから、入院してくるわね」と言って、明るい表情で市民病院に入院しました。彼女の療養を邪魔しないために、ヨガ仲間の一人が代表して連絡するということにして、私はIさんに直接連絡をしていませんでした。

そろそろ退院かな、と思いつつ、10月にヨガで集まったときに、「Iさんにみんなの写真を送りましょうよ」と私が何気なく言いました。すると、連絡係の友達がワッと泣き出して、「もうIさんはいないの」と言うのです。すでに亡くなって1か月ぐらい経っていましたが、ご遺族の意向で私たちには黙っていたそうです。

そのときは、すごくショックでした。あんなに仲よしだったのに、彼女の入院以来、電話もメールもしていなかったからです。あまりにもびっくりして、涙も出ませんでした。彼女がこんなふうに亡くなるとは、思いもかけないことだったのです。

さすがの私も、「メールくらいは送っておきたかった」と思いました。後悔先に立たず、まさにそんな感じでした。友人との今を大切にしなかった故の後悔だったのでしょう。

病床で読んでもらえないかもしれなかったけど、それでもいいから送ればよかったと思っています。たとえ彼女が読んでくれなくても、自分のために心を尽くしたほうがいいと思うのです。

やっと、「大切な人には、手紙やメールでいつもつながっているようにしよう」と思い至りました。この年になると、相手にいつ何が起こるか、自分に何が起こるかわかりません。もう少し丁寧に生きないといけない、と思っています。

もう40年近く前の話になりますが、『アウト・オン・ア・リム』の翻訳を終えて、アメリカから帰国する前、ガレージセールをしました。家の中のいらないものを、全部庭に並べて売るのです。そのときに、「日本語の本もありますよ」と宣伝しました。すると、日本人の若い女性、Kさんが本を買いに来てくださいました。日本語の本が欲しかったそうです。もう不要な本なので、「本はさしあげます」と言って、彼女にいっぱい持っていってもらいました。

Kさんは年の離れたアメリカ人男性と結婚していたのですが、ほとんど英語がしゃべれない様子でした。でも、ご主人とすごく仲がよくて、意思の疎通もバッチリだったようです。美しく優しい女性で、私たちが日本に帰国してからも、彼女が里帰りで東京にやってくると、我が家に来てくれました。彼女とはとても気が合って、いろいろな話をしたものです。

それからKさんはご主人の転勤でロンドンに引っ越し、インターネットがない時代だったので、ずっと文通をしていました。あるとき、彼女から、「私は白血病になりました。今、ケモセラピー（化学療法）をしています」という手紙が来たのです。

私は白血病について詳しくなかったですし、とても軽い感じで書いてあったので、「ケモセラピーというのをやれば、簡単に治るのかな」と思って、あまり心配せずに、「お大事にね」と手紙を返すだけでした。

でも、半年ほど経ったときに、突然、「私は大丈夫です」という手紙が彼女から来たのです。その大丈夫を読んだとき、私は彼女が大丈夫ではないとわかりました。

Kさんにはもっといろんな本を送ってあげたいと思っていたのに、送るのを先延ばしにしていました。私はもう慌てふためいて、その日のうちに荷造りして、ロンドンに本を送ったのですが、間に合ったかどうかは今もわかりません。

次に届いたのは、ご主人からの彼女の訃報でした。そのときは、さすがにちょっと参ったという感じになりました。取り返しのつかないことが起こってしまった、と思いました。すでにシャーリーの本を読んでいましたが、死に対する意識は未熟だったのですね。

本当に短い付き合いでしたし、何回も会ったわけではないけれど、そのときに感じたのは、「Kさんは、私の心のなかにいる」という感覚でした。

彼女との素晴らしい時間は、「永遠に私のなかにあるよね」という感じが、今も続いています。さらに今は、彼女の魂が無事であること、今もまだ私の近くのどこかにいる、ということを知っています。彼女のことを思うと、もう彼女はそこにいてくれるのですね。

本当に親しい友人は、魂の友達です。今生出会い、友達になると約束してきたのです。それは友達であれ、親子であれ、みな同じです。

私たちに歯医者さんを紹介してくれたSさんという女性は、私たちと知り合ったとき、すでにがんでした。彼女はがんだとわかってから、住んでいる横浜のきれいな場所を絵に描いていこうと決めて、鉛筆画の絵をたくさん描きました。

するとがんがよくなって、結婚をしてとても幸せに暮らしていました。ご主人とヨットに乗って、あちこちに行っては楽しんでいる様子でした。でも、その後2～3年して亡くなってしまいました。彼女もKさんと同じで、私のなかにいて、時々思い出しています。私流に言えば、彼女は魂になっていて、私が呼べば、つまり思い出せば、応えてくれるのですね。

愛犬や愛猫を亡くしたあなたへ

愛を与えてくれたことに感謝して弔ってください

紘矢

うちは犬を飼っていましたが、子どもがいなかったので、まさに子どものようにかわいがっていました。

犬や猫のほうが、人間の人生よりも短いですよね。死に方にもいろいろあって、天寿をまっとうしてくれる場合もあるし、病死や事故死もあるでしょう。

ペットロスという言葉がありますが、動物を人間と同等として悲しめるということは、その人が犬や猫に対して、人間に対するのと同じくらいの対処を日常でしていたということですね。

愛犬や愛猫を亡くしたとき、悲嘆にくれて、「もう二度と飼わない」と言う人もいますが、その子たちに十分に感謝できる期間を与えていただいたのだと、ポジティブに受け取ったほうがいいと思います。

本当はすぐ次の犬か猫を飼うほうが、次に来た子の世話をしているうちに、気が紛れます。「前の子と、ここが似ている」「この子は、生まれかわりじゃないのかな」などと考えたりすれば、自然と癒えていくでしょう。

僕の場合も、愛犬の死はとてもショックでした。当時飼っていたキッシーの具合が悪くなり、獣医さんのところに連れていきました。待合室ではほかの犬を見て、しっぽをさかんに振って、愛想をよくしていました。

それが、次に見せられたときには、口の中にパイプを入れられていて、ほどなく死んでしまいました。それが寿命だったのですし、獣医さんも一生懸命にやってくれただろうと思いますが、死に方が悲劇的でした。

キッシーは心臓が悪かったから、あまり無理な運動をさせてはいけなかったのに、散歩のときに急な階段を自分で上らせたので、今でもその階段を上るときには彼女を思い出して、知らず知らずのうちに「ごめんなさい」と、自然に謝っています。「あー、この階段を上らせちゃった。相当辛かっただろうな」と。

キッシーと一緒にチェビーという犬も飼っていたのですが、チェビーもキッシーも今回は人間に生まれてこなくて、犬に生まれてきたようです。本当かどうかわからないけれど、そんなこともあるかもしれません。

チェビーが亡くなって、ずいぶん経ってからでしょうか。ある晩、僕の夢のなかに、素敵な青年が現れました。その青年は、「僕が誰だかわかりますか?」と言い、「僕はチェビーですよ」と言うのです。印象に残っている夢です。涙が出てしまいました。

私たち夫婦に苦労をかけないように、子どもとして生まれてこないで、今回は犬に生まれてきたということでした。

家族のように暮らしていた犬や猫を亡くされた人は、大変な寂しい思いをされていると思いますが、私たちに十分に愛を与えてくれたのだから、感謝して、その霊を弔ってあげていただきたいと思います。

死ぬときが大変だから犬猫は飼わないという人もいますが、動物を飼うことはすごくいいことだと思います。犬は特別ですね。猫も特別かもしれません。僕はメダカも飼っていますが、そんなに特別なことはないです。犬や猫は、人間に近いという感じがしますね。

年をとってくれば介護してあげなければいけないのですが、これは自分の行末を見ているようなものですからね。そういう意味でも、犬や猫を飼うのはすごくいいことだと思います。

亡くなっても、私たちのまわりにいました

亜希子

私たちは、1回だけ犬を飼っていたことがあります。ビション・フリーゼという白い犬をオス・メスで2匹一緒に飼っていて、3回のお産で赤ちゃんが12匹も産まれて、とても楽しかったです。

キッシーというメス犬は、15年は生きてくれると思っていたのですが、13歳のときに、私が10日間ぐらい旅行に出かけて帰ってきたら、具合が悪くなっていました。

動物病院に連れていくと、心臓弁膜症と診断されました。「心臓がすごく弱っていますよ」と言われて、「あんなに元気だったのに」と言うと、「奥さん、しばらくいなかったでしょ」と獣医さんに言われました。

「犬って、お母さんがいなくなったといったストレスで、すごく弱ってしまうんですよ」と言われて、キッシーに申し訳なくて。

それからあっという間に心臓が悪くなって、2週間ぐらいして死んでしまいました。実はそのとき、私はあまりにも悲しくて、彼女の死にうまく対応できませんでした。

亡くなる前日、キッシーは階段を元気なときと同じように駆け上がって、ごはんをいっぱい食べました。「治るのかな」とうれしく思ったのですが、翌日死んでしまいました。クリスマスの日でした。

母のことを書いたときに、死ぬのにもエネルギーが必要だという話をしましたが、人間でも犬でも、死ぬ前の日ぐらいに一瞬元気が出ることがあるのだそうです。

キッシーの病気がひどくなったときから、私はどうしてよいかわからなくなっていました。かわいそうで、悲しくて、上手に彼女を看護できない自分がふがいなくて、亡くなるまでの一週間ほどは、気もそぞろでした。

亡くなったあとは、もう幽体離脱状態。何かで気を紛らわすのに、必死でした。結局、彼女の死を素直に悲しむことができませんでした。あまりにもかわいかったし、私と一体化していたので、辛すぎたのかもしれません。

でも、ペットロスという感じはありませんでした。まだチェビーが残っていたからかな。


オス犬のチェビーは、キッシーが死んだあと3年ぐらい生きたのですが、彼の場合は本当に自然死でした。老衰でだんだん歩けなくなっていき、散歩に出ても、体を支えてあげて、やっとオシッコをするような状態でした。

ごはんを食べてもらうのも大変で、いろいろな味の缶詰を買ってきては、なんとか食べてもらっていました。「今日はレバー、今日は鶏肉、どう？」などと言って、様子を見ながら与えたのです。

ある日、何を出してもふんっと匂いを嗅いだだけで、食べずに向こうに行ってしまいました。その日を境に、チェビーはまったくごはんを食べなくなったのです。そしてすぐに昏睡状態になって、座布団の上に横たわっていました。

その状態が、飲まず食わずで5日間続きました。布団の上でチェビーは体をグーッと丸くしていました。その間、私はそばでずっと見守っていました。

2月28日は、今の上皇さまが、訪問された国の日本大使館員を、皇居でのお茶会に呼んでくださる日でした。マレーシアにいたときに、大使館員としてお二人のお世話を少しだけしたので、私たちも招待されていたのです。でも、瀕《ひん》死《し》のチェビーを置いて家を留守にするわけにはいかない、と思って困っていました。

その日、私は布団の上のチェビーを見守りながら、アイロンをかけていました。すると、丸まっていた彼の体が急にスーッと伸びました。私は、「彼はいよいよ死ぬ」と思って、いつも旅行に出るときに犬たちを預かってもらっていたIさんに電話しました。Iさんはすぐに飛んできてくれました。彼女が来てから30分もしないうちに、チェビーは静かに息を引き取ったのでした。それは出かける予定の2時間前のことでした。

犬も人間と同じで、やはりママが来るまで待っていたのでしょう。Iさんのことを、チェビーはもう一人のママだと思っていたのですから。キッシーが死んだのも、Iさんがいる時でした。

チェビーが死んでからしばらくの間、私が近所を歩いていると、前を歩いている犬が突然私のほうを振り返ることがよくありました。そして、うしろを振り返りながら、飼い主に引っ張られて行く犬もいれば、歩かなくなって立ち止まってしまう犬もいました。

「キッシーもチェビーも、まだ私たちのまわりにいる」ということではなかったかと、私は密《ひそ》かに思っています。犬には彼らの姿が見えるけれど、私たちには見えないだけかも。

10年ほどそんなことが続きましたが、キッシーやチェビーのエネルギーが私たちのまわりに残っていたのだと思います。今はもう、そんなことはめったに起こらないですね。

ペットロスでひどく苦しんでいた友人がいるのですが、彼女は英語の原書でペットロスの素晴らしい本を見つけて、それを翻訳しました。『ペットたちは死後も生きている』（日本教文社）という本です。今でも時々増刷されているロングセラーです。

彼女は、その本を訳すことによってペットロスから回復していったのだと思います。まさに何かに打ち込んでいると、元気になっていく、という一つのよい例です。

動物でも人でもそうですが、本当に大切なことは、相手が生きている間にどういう関係をもつか、どのように心を通わせるか、相手を愛するか、ですよね。今をどのように生きるかが、どのように死ぬか、どのように愛する人やペットの死を克服するかに直結しているのでしょう。

目の前にいるときに、お互いに大事にし合いましょう、一瞬一瞬を共有しましょう、ということですね。相手との関係をまっとうする。そういう生き方をするのが、一番大事だし、それは結局「今ここ」ということなのです。

今を本当に楽しみましょう。今しかありません。感謝しましょう。そうすれば、自分も含めて誰の死に対しても、悔いのない澄み切った心で対応できるのだと思います。

人生は常に流動的で、突然知らない人は現れるし、知らない動物も現れます。突然の死もあれば、老いもやってきます。そういう人生の流れのなかでいつも「今、今」と思って生きていくことの重要性が、近頃は忘れられているのかもしれません。

人であれ動物であれ、一緒に過ごした一瞬一瞬を本当に大切にしてきた相手は、その相手が亡くなったあとも、私たちの一生の宝物となるのでしょう。

PART 4

なんのために生まれ、生き、死ぬのか

愛と平和の世界を作るために

紘矢

この本は死がテーマですが、死を意識することは、いかに生きるかを考えることでもあります。この本が、人生の意味を考えるきっかけになるとうれしいです。みんな、何かやるべきことをもってこの世界に生まれてくるのですから、自分はなぜここに生まれてきたかを、知ることが大切だと思います。

そのためには、自分とは何者なのか、神とは何か、愛とは何かを探求することです。一番大切なことは、自分を知ること。愛を知ること。感謝すること、信心深くなること、それから、宇宙を知ることだと、僕なりには思っています。宇宙イコール自分、そして神、そしてまた愛でもあるからですから。

もし世界を平和にしたかったら、宇宙と一体化している自分が平和になることです。自分の内側を平和なエネルギーで満たし、それを世界中に送っている人はこの時代にはたくさんいます。

もちろん、今起こっている戦争について、僕の提案は一刻も早い停戦です。死んでも生きているとはいえ、せっかくこの世に生まれてきたのだから、戦争で命を落とすことはありません。人は本当の自分と大きな愛を知れば、大量な人殺しはしないでしょう。

ただ、精霊によく言われるのは、「心配するな」という言葉です。だから、本当は世界で何が起こっていても実際には心配ないのです。神様がプログラムした通り、シナリオはすでに決まっているのですから。起こることが、起こっているのです。みんな学びの途中なのです。

自分を知っていく、自分をよく見つめるということ、それが誰にも一番必要なことで、唯一大切なことなのです。それを続けていると、究極的に自分はなんのために生まれてきたのか、幸せはどのようにしたらつかめるかが、わかってくるのです。

本当の自分はなんなのかが頭でなく、体全体でわかったとき、覚醒したと言えるのではないかと思います。覚醒したら、人生は楽になるのではないでしょうか。感謝、感謝で暮らしましょう。

僕の場合、アメリカにいたときにアレキサンダー・エベレットという人のセミナーの最中に、自分はなんのために生まれてきたのか、ハッとわかったのです。「自分は、この地球に愛と平和を広めていくために生まれてきたんだ」と。

その後しばらくして帰国し、職場の霞ヶ関の近くを歩いていたときに、突然、「そのために、輪廻転生や、人は死なないということを人々に伝えるのが自分の使命なんだ」とわかってしまい、びっくりしました。その頃は公務員でしたから、「輪廻転生なんて言ったら、みんなに頭がおかしいって言われてしまう」と思ったのを覚えています。

でもそのときは、自分の人生の目的が一瞬でわかったという感じでした。それは、バーンと上から降りてきたという感覚でした。

亜希子も同じ目的だとわかったのですが、彼女は最初のうちは自分はそうは思えない、と言っていました。僕がわかってから半年後に、やはり同じエベレットの3回目のセミナーで、自分も世界平和のために働くのが使命なのだ、と気づいたのでした。帰りの車の中で、その話をしながら、二人で「よかった、よかった」と大喜びしたものです。

僕は、自分が愛と平和を広めていくために生まれてきたことを知って、人生がとても深くなりました。自分のやっていることは、世の中のため人のためになると思えるようになりましたし、同時にそれは宇宙の平和に貢献することなのだと思えるようになったからです。

この使命は、実は今生きている人、みんなの使命だと思います。何も特別なことはしなくてもいいのです。自分の心のおもむくままに、好き好きに生きていきましょう。

僕の使命は愛と平和の世界を作るために、みんなが覚醒するのをお手伝いすること。それが僕のやるべきことかなと、今は思っています。かっこよすぎるかな！

でも実は、あなたもそうなのです。毎日、毎日、あなたも十分やっていますよ。

僕にも亜希子にも神様がついていて、その導きで自分の使命に気づいたのですが、誰にも神様はついています。人生で起こるさまざまなことを、みんな自分でやっていると思っていますが、本当は誰もが神様に動かされているのです。

みんなが神様のエージェントですからね。あなたもそうです。


最近、だんだんわかってきました。自分が幸せになることが世の中のためになっていくということが……。自分が平和になることによって、世界が平和になる。自分が幸せになることによって、人々に幸せを分け与えることができる。本当に、それでいいのです。

一人ひとりが平和になって、幸せになるということは、世界中の全部の人が幸せに向かって生きているということなんですね。


僕が口癖にしているのは、「みんないいのよ。そのままで」。人生、歌って踊って笑って、好きなこと、したいことをすればよいのだと思っています。

好きなことは、どんなことでもいいと思いますよ。でも、人の嫌がることはしない。それぞれの人の生き方をリスペクトしましょう。

全員が神様とつながる時代になりました

亜希子

今の私は、人はみな、自分自身の意識を変容させることによって、地球全体をもっと平和にしていくお手伝いをしている、と思っています。この40年間、ずっとそう思って活動してきました。その思いが一度だって崩れなかったのは、本当によかったと思います。

世界平和とは、みんなが一人ひとりそれぞれに平和になったとき、幸せになったときに実現すると思います。よく、自分だけ幸せになってはいけない、みんなが幸せになって、やっと自分も幸せになっていいのだ、という話を聞きますが、私は、それぞれが一人ずつ、本当の平和と幸せを自分のなかに実現することが必要だと思っています。

自分の意識が平和で幸せになると、なんと、生活も実際に平和で幸せなものになるのですよね。ほかの人を変えることはできないし、ほかの人が幸せになるのを待っていては、いつまで経っても幸せになれないのです。


今はお陰様で、私は本当に平和で幸せになっています。それが世界に対する一番の私の貢献かな。

今の心の、というか存在そのものの幸せと平和を獲得するまで、私たちもかなりの試練をくぐり抜けています。紘矢さんの病気が、なんといっても一番大変でした。

病気になったり、死の恐怖を味わったりするのは、自分自身に気がつくためだと思います。紘矢さんは病気になることで、自分に必要のない思い込みや、傲慢さをこそげ落としていく感じでした。看病する私も、自分を制限している感情や思い込みなどから解放されていった気がします。


大切な人が亡くなることも、私たちに大きなレッスンを与えてくれますね。

死にゆく人も、きっと魂の世界に行くために、多くの学びをそのプロセスから得ているのかもしれません。

そして見送る私たちは、その人の死から自分自身について、宇宙の真理について、たとえ頭ではよく理解できないとしても、多くの宝物を受け取れるのでしょう。

そしてそれをきっかけに、自分自身に目覚めていく。だから、死のことを考えるのは本当に大事だと思います。

これまで死のことを語るのはちょっとタブーだったのですが、気がつけば、最近、多くの死に関する本が出版されています。それも、死をポジティブにとらえる本が多くなっていて、私たちもやっと死の本当の意味をわかり始めているのでしょう。

紘矢さんが自分の使命に最初に気づいたのは、すでに紘矢さんが書いたように、アレキサンダー・エベレットという人のセミナーに二人で参加して、自分の生まれてきた目的を見つけようという講義を受けたときでした。

エベレットは、「僕は21世紀までに世界を愛と平和の世界にしたい。そのときに世界政府ができたら、僕はその世界政府のために働きたい。そのために、人が覚醒するのを助けるのが自分の使命だ」と言いました。

それを聞いて、紘矢さんはすぐに、「僕もそうだ」と思ったのです。でも、私はそのときは「いや、私はそんな大きな使命もつようなすごい人間ではない。人の役には立ちたいけれど」などと思っていました。

エベレットのセミナーに3回目に参加したとき、またエベレットが同じ話をしました。そのときに、私はとても自然に、「なんだ、私も愛と平和の世界を作るために働くのが使命だった」とわかったのです。

それが、前述のリア・バイアースが現れる前の日のことでした。すでに自分の使命がわかっていたので、私はリアが言っていることは本当だと思えたのでしょう。すべては順序よく、用意されていたのです。「すべてには時がある」とは、聖書の中の有名な言葉ですが、まさにそうでした。

そして、この言葉は、生まれることも、死ぬことも、時があるということを言っているのですよね。

もう一つ私の好きな言葉は、「すべてはお釈迦様の手の内にある」という孫悟空の物語のなかの言葉です。私は、「仏様の手のひらから落っこちることはないから、思いっきり暴れなさい」という意味だととらえています。

自分の思うこと、やりたいことを自由に、思いきりやっていく。世界は無限であり、その世界を思う存分楽しみなさい、ということかな。

お釈迦様の手のひらの上で、踊って歌って、笑っていればいいのです。一番いいのは、のんびりすることかも。

以前、『アシジの丘』という写真集を作ったことがあるのですが、その本の中で、私は次のように書いています。

「世界の歴史は争いと対立の連続でしたが、時々、人びとの対立を消し、みんな全て宇宙と一体なのだと説き、その方向へと自らを律していた人が現れました。そして多分、ヒマラヤの奥地や未開の地と呼ばれるような所には、宇宙と一体化し、自然と一体化した真の人間を実現していた人たちがいたのでしょう」

その人たちが争いと対立の世界を愛と平和のエネルギーでやわらげ、なんとか地球は無事にここまで来たのかもしれません。

環境破壊や戦争やお金の奪い合いなどによって、私たちの地球はとても傷んでいます。今はそんな聖人たちにまかせるのではなく、みんなの心が平和になって、「全員が神様とつながる時代が来たよ」ということなのでしょうね。

おわりに

紘矢

本書を読んでいただきまして、ありがとうございます。いかがでしたか？

「死を少しでも前向きに考えられるようになった」「元気が出た」という感想が聞けたらうれしいです。もっと深く知りたいという方は、輪廻転生をテーマにした本で、私たち夫婦が翻訳した『アウト・オン・ア・リム』（地湧社・角川文庫）や『前世療法』（ＰＨＰ文庫）などを読んでいただけたら幸いです。

今まで80年間生きてきたわけですが、振り返ってみれば、何もかもが不思議で、驚嘆せずにはいられません。僕たちは、本当に素晴らしいワンダーランドに迷い込んだ子どものようなものではないでしょうか。宇宙の片隅に生まれて、ほんのわずかばかりのことを体験できただけです。今生もいろいろあったけれど、せめて死ぬときは、「ああ、おもしろかった。生まれてきてよかった。みなさん、ありがとう、いい人生だった。またお会いしましょう」とすべての人々に「ありがとう」と感謝しながら死ねたらいいな、なんて思っています。

死は悲劇ではなく、関係者すべてにとっての新しい未知なる旅への出発なのです。僕はそう思っています。今生、学んだことはたくさんあります。人生は舞台のようなもの。作者も演出家も、主演も、みんな自分自身だったのだとわかったような気がします。シナリオも、自分で書いてきたものだったという驚きです。愛と感謝と責任を学びました。神様の存在も確信しました。地球のたくさんの場所も見学しました。

真実は、人の数だけあるのではないかと僕は思っています。それならば、自分はすべてをポジティブに考えよう、というのが僕の提案です。これからも、死を前向きにとらえようと思います。

この本が生まれたのもひとえに、吉度ちはるさん、堀江由美さんに出会ったおかげです。本当にありがとうございました。

おわりに

亜希子

　この本を作りながら、両親をはじめとして、この世を去っていった大切な人のことを、ずっと思い出していました。昨年も大切な友人が数人、亡くなりました。

もう一度会いたかった、という思いもありましたが、彼らはまだ近くにいるという感覚が勝っていました。「ご苦労さま。ゆっくりしてくださいね」という感じもありました。そして、会えないときも、ずっとお互いに気にし合ってきたことを思い出して、「今もつながっているから大丈夫」と思ったのでした。

　この方たちは、私と同じくらいの年齢でした。だから、その死も比較的容易に受け入れることができたのだと思います。子どもたち、若者、壮年期の人たちの死は、やはり残念でショックで、周囲の方たちには受け入れがたいでしょう。でもそうだからこそ、私たちは彼らの死から多くを学び、多くのギフトを受け取るのではないかと思います。そして亡くなった方たちは、遺してきた人たちを心配して、向こう側から一生懸命愛を送ってきているのでしょう。彼らの愛を感じてほしいです。

本を書いていて思ったことは、「よく死ぬためには、よく生きることだ」ということでした。死は、私たちの今生最後の大仕事です。それまで十分に自分の人生を生きていれば、年齢に関係なく、状況に関係なく、それまでと同じように死をまっとうできるのではないか、なんて思いました。「今までの人生はよしと認め、残りの人生をしっかり生きていこう。そうすれば、上手に死ねるだろう」と私は思ったのでした。その時が来たら、「私の死を嘆かないでね。ここからみんなを応援しているからね」と、天国から伝えたいと思っています。

本書の出版では、吉度ちはるさんと堀江由美さんに大変お世話になりました。本当にありがとうございました。心から感謝しております。

死んでも生きている
大切な誰かを亡くしたあなたへ

発行日
2024年3月13日　第1刷

著者
山川紘矢　山川亜希子

ブックデザイン
鈴木成一デザイン室

編集
吉度ちはる（よ・も・ぎ書店）

発行人
宇都宮誠樹

編集
堀江由美

発行所
株式会社パルコ
エンタテインメント事業部
東京都渋谷区宇田川町15-1
https://publishing.parco.jp

印刷・製本
図書印刷株式会社

ISBN978-4-86506-441-4 C0095
落丁本・乱丁本は購入書店名を明記の上、小社編集部宛にお送りください。
送料小社負担にてお取り替えいたします。
〒150-0045 東京都渋谷区神泉町8-16 渋谷ファーストプレイス パルコ出版 編集部